Rédiger les procédures de l'entreprise

Guide pratique

Éditions d'Organisation
1, rue Thénard
75240 Paris Cedex 05
www.editions-organisation.com

© Éditions d'Organisation, 1994,1998, 2001
ISBN : 2-7081-2648-2

Alain HENRY
Ignace MONKAM-DAVERAT

Rédiger les procédures de l'entreprise

Guide pratique

Troisième édition

Éditions
d'Organisation

INTRODUCTION

« Un livre sur les manuels de procédures, dites-vous ? Non, je n'en connais pas ! » écrivions-nous lors de la première parution. A l'époque, nous avions beau interroger les experts, pareil manuel restait introuvable. Dès qu'il s'agissait de construire des tableaux de bord ou un système budgétaire, de concevoir des fiches de poste ou un organigramme, on trouvait de nombreux ouvrages. Mais sur la rédaction des procédures, point ! Et pourtant plusieurs traités d'organisation insistaient sur la nécessité de formaliser les procédures !

Questionnant les professeurs de gestion sur cette étrange lacune, nous recevions une réponse sans appel : « Cela ne peut se mettre par écrit ! C'est un métier ! » Il paraissait impensable de vouloir disposer d'un manuel sur... la confection des manuels. Quel pouvait donc bien être ce « métier » qui ne s'enseignait pas par écrit ? Devait-on appeler les membres de cette profession des « procédureurs » (le mot procédurier avait déjà un autre sens) ? La situation semblait paradoxale : ceux dont le métier était d'aider les autres à mettre par écrit leurs méthodes de travail, s'en remettaient pour eux-mêmes, à une transmission orale entre initiés. La corporation qui était chargée de diffuser la moderne écriture paraissait conserver ses secrets derrière la tradition orale, à la manière de ces castes artisanales d'antan.

Depuis la première édition de ce manuel, le monde des entreprises a subi de vastes mutations. Les normes qualité ISO 9000 et les plans de protection contre les risques se sont répandus. Puis la mondialisation a imposé ses transformations : la compétition s'est accrue, notamment sur la qualité, et de nombreuses coopérations se sont construites entre des équipes situées aux antipodes. La complexité des processus a renforcé les besoins de standardisation. Dans le même temps, les révolutions du câble optique et de l'informatique ont produit une expansion vertigineuse du stockage et de la diffusion de l'information. Il y a dix ans seulement, le papier restait le support de base des manuels de procédures ; les services procédures géraient des fichiers épais. Désormais le papier a laissé la place au CD-ROM et aux logiciels de navigation Internet. Ainsi, d'un côté, la nécessité de formaliser les procédures s'est généralisée. De l'autre, les moyens de stockage et de diffusion de l'information se sont accrus. Les manuels de procédures se sont banalisés. Pourtant, les livres pratiques sur ce thème restent rares. Le sujet reste austère. Nombreux sont encore ceux qui, étant conduits à ce travail de rédaction, souhaitent trouver une aide pédagogique. Ne serait-ce que pour ne pas devoir tout réinventer, et ainsi gagner du temps.

Un guide pratique

Le présent manuel est donc un guide sur la mise en forme et l'utilisation des procédures dans les organisations. Il tente d'apporter des réponses pratiques sur un sujet qui touche largement les entreprises.

La formalisation écrite des procédures est devenue pour celles-ci en effet une préoccupation essentielle. Elle apparaît comme un des axes principaux des démarches Qualité, d'inspiration japonaise. Ayant nous-même observé en diverses circonstances, les gains d'efficacité que des entreprises pouvaient tirer d'un outil procédural, nous avons été régulièrement conduits à en préconiser l'usage, notamment à l'étranger. Mais alors qu'un tel projet soulevait un intérêt manifeste, les difficultés commençaient. La tâche paraissait longue et fastidieuse, la démarche sans fin. Et surtout, il n'existait aucune méthode susceptible d'aider nos interlocuteurs.

L'objectif de ce guide est de répondre aux questions que se posent ceux qui doivent élaborer des manuels de procédures. Qu'ils soient responsables d'un projet d'ensemble ou qu'ils aient simplement à les rédiger, nous avons voulu leur apporter les connaissances de base ainsi que des conseils utiles pour résoudre les difficultés qu'ils risquent de rencontrer.

Partant de notre expérience acquise simultanément sur le terrain des entreprises et lors de séminaires de formation, nous avons rassemblé ici les connaissances techniques concernant une telle démarche. Ce livre est le fruit d'une double expérience de conseil et de formation.

Un regard réaliste

Tout en cherchant à privilégier une approche pratique, nous avons choisi d'y joindre quelques notions d'ordre général. Même s'il n'est pas indispensable de savoir démontrer les lois de la gravité pour conduire une bicyclette, il est utile parfois d'en connaître les principaux effets pour les maîtriser.

Divers auteurs se sont déjà penchés sur les principes des organisations procédurales[1]. Nous n'y reviendrons guère si ce n'est pour rappeler le rôle des manuels dans la modernisation des organisations. Nous situerons ainsi les diverses fonctions remplies par la codification des procédures. Nous évoquerons alors, et l'approche théorique rejoint ici clairement un souci de réalisme, la diversité des situations observables dans les entreprises. Les fiches de procédures, parce qu'elles servent à tisser la trame où se croisent l'action des hommes et celle des machines, ont une fonction autant sociale que technique. Comme tous les « instruments de gestion », elles ne sont pas un pur « outil » ; pas plus que les hommes ne sont des machines : leur efficacité dépend de la mentalité de ceux à qui elles doivent servir. Il était donc nécessaire d'offrir quelques observations sur la manière dont les choses se passent concrètement. Nous verrons que les besoins des utilisateurs varient selon les pays et aussi les types d'entreprise. En particulier, le manque d'ouvrage hexagonal sur ce sujet illustre le peu d'empressement observé dans nos entreprises à l'égard des consignes écrites[2]. Autant que nos lecteurs français soient avertis des difficultés singulières qui les attendent. Il leur faudra souvent commencer par transformer une démarche initiée sous la contrainte – par exemple, pour décrocher la « qualification » – en un

---

1. Pour une présentation conceptuelle, on pourra notamment se reporter à *Organisation et management*, « Structurer l'organisation », G. PROBST, J.Y. MERCIER, O. BRUGGIMANN, A. RAKOTOBARISON, Éditions d'Organisation, Paris 1997.
2. L'ouvrage cité précédemment est d'ailleurs celui d'un organisateur et enseignant suisse !

projet motivant, qui réponde aux attentes opérationnelles des agents. Inversement, dans de nombreux pays, on voit que la démarche est bien accueillie, sous réserve naturellement qu'elle réponde à la demande des intéressés.

C'est une banalité qu'il nous faudra constamment rappeler : l'outil doit être adapté aux hommes à qui il est destiné. Son utilisation dépend de la qualité des supports et de la pertinence du contenu par rapport aux attentes des opérateurs. Il y faut un langage simple et une démarche largement participative.

Nous privilégierons les modèles de présentation les plus couramment utilisés. Une documentation écrite perd de son intérêt dès lors que le lecteur doit consacrer plus d'énergie à en déchiffrer la forme qu'à en lire le contenu. Certains formalismes savants, même s'ils paraissent séduisants, sont peu utiles, sauf à les réserver à d'éventuels spécialistes.

Nous aborderons enfin les problèmes liés à l'élaboration, à la diffusion et à la mise à jour des manuels. L'adéquation du résultat dépend du caractère collectif de la démarche. Avant de se lancer dans la rédaction des procédures, il importe de définir les besoins auxquels elles doivent répondre et la méthode utilisée. Nous verrons ainsi les étapes de réalisation, les techniques d'analyse et enfin l'organisation de la mise à jour des manuels. Ces éléments empiriques formeront l'essentiel de notre propos.

Lecture : mode d'emploi

Cet ouvrage comprend deux parties. La première constitue le guide proprement dit, tandis que la seconde présente des exemples et des illustrations.

La première partie se décompose elle-même en cinq chapitres, consacrés chacun à un thème.

Au premier chapitre, nous verrons le rôle de *l'Ecriture* dans les organisations modernes. Comme de nombreux instruments de gestion, les procédures sont associées à la modernisation des entreprises et à la complexité croissante de leur activité. Nous constaterons que la place accordée aux consignes écrites peut varier considérablement selon le type d'activité ou selon le contexte géographique. Toutefois, si la compilation d'une documentation s'impose aujourd'hui du fait des contrats Qualité, il faut noter que l'écrit a toujours été un ferment de la modernisation des sociétés.

Le second chapitre traite de l'usage des manuels dans la vie quotidienne des organisations. Leur rédaction initiale peut représenter un investissement conséquent. Il importe donc de déterminer au préalable les objectifs poursuivis et donc **les Enjeux** d'un tel dispositif pour l'organisation et pour les hommes qui la constituent. Au-delà de la diversité des contextes, les procédures peuvent remplir de multiples fonctions. Servant à capitaliser les savoir-faire techniques, leur apport est à la fois pédagogique et organisationnel. Soulignons déjà que, dans les systèmes complexes que sont les entreprises, elles jouent un rôle important en matière de sécurité.

Le chapitre suivant présente concrètement la forme que peuvent avoir les guides de procédures. Décrivant **le Formalisme** couramment utilisé, il montre ce que peut être l'architecture d'un manuel et les types de supports utilisés. On y trouve en particulier des illustrations de documents réels : diagrammes de flux, fiches de consignes, plannings, gammes, cartes de contrôle, etc. Enfin, on y indique les qualités rédactionnelles et les précautions à prendre pour s'assurer de la clarté des procédures et de leur facilité d'accès pour les utilisateurs.

Le quatrième chapitre est consacré aux tâches qu'implique **la Rédaction** à proprement parler. Vu la nécessité de produire des documents aussi proches que possible des réalités opérationnelles, il importe d'associer directement les opérateurs à leur rédaction. Nous plaçant selon leur point de vue, nous verrons alors les différentes étapes du travail de formalisation : avant de coucher sur le papier les processus opératoires, il faut les inventorier et les analyser. Examinant pas à pas ces différentes étapes, nous verrons les méthodes d'interviews, de constitution des dossiers, de rédaction et enfin de validation.

Le dernier chapitre porte sur **le Projet** lui-même de la réalisation des manuels de l'entreprise et sur son organisation. Avant de commencer, il faut répondre à des questions pratiques : Qui rédige ? Qui valide ? Qui diffuse ? Envisageant les rôles des différents acteurs (la cellule projet, les rédacteurs, le consultant,...) ainsi que les moyens logistiques nécessaires, on examine les étapes successives de préparation, de réalisation, de validation globale et enfin de diffusion des procédures. Cependant, un tel système documentaire n'a de sens que dans la mesure où il offre une base de données vivante. Au-delà du projet procédures, il s'agit de mettre en place une structure susceptible d'assurer leur mise à jour continue. Nous en verrons les modalités de gestion courante.

Enfin, pour conclure, nous reviendrons sur les aspects politiques de l'outil et de sa mise en œuvre.

La seconde partie de ce fascicule comporte également plusieurs sections. En premier lieu, on y trouve les **Tables d'illustrations** où sont présentés, en pleine page, les exemples de supports passés en revue au cours de l'exposé. Puis, nous proposons au lecteur une **Etude de cas**, correspondant à une situation réelle de gestion, afin de l'aider à se familiariser avec ce travail de mise en forme. Enfin, l'ouvrage s'achève sur les tables usuelles : **Bibliographie, Index et Table des matières**.

Comme pour tout guide pratique, les différentes parties ont été conçues afin de pouvoir être consultées de manière relativement indépendante. Le lecteur pourra s'y retrouver rapidement en fonction de ses priorités et de ses pôles d'intérêts. Celui qui s'interroge sur les fondements possibles d'un tel projet se reportera plutôt aux deux premiers chapitres. L'équipe chargée de lancer le projet sera plus directement concernée par l'analyse des enjeux, par le choix du formalisme et par l'organisation de la démarche (chapitres 2 à 4). Quant aux futurs rédacteurs, ils s'intéresseront de plus près au formalisme des fiches et à la méthode de rédaction.

Afin de répondre à la diversité des besoins et pour permettre au lecteur de se déplacer dans ce manuel au gré de ses choix, il nous a également paru utile de faciliter diverses formes de lecture, allant de la consultation rapide à un parcours plus méthodique des séquences. Nous avons donc distingué au cours du texte des parties de différentes natures.

D'un côté, nous avons mis en évidence ce qui s'assimile à des définitions ou à des principes généraux structurants. De l'autre, il nous a paru intéressant de donner, en exergue du déroulement classique de l'exposé, des exemples suggestifs, voire anecdotiques, pouvant apporter un éclairage plus concret par rapport à l'énoncé méthodologique. C'est en s'aidant de l'illustration des cas réels, que le lecteur pourra adapter sa démarche aux singularités de son propre environnement professionnel.

Ces différentes parties du texte sont présentées sous des formes typographiques distinctes, conformément aux deux exemples donnés ci-après.

🖎 **Sous ce cadre** *le lecteur trouvera :*

- *des définitions,*
- *des règles à caractère général,*
- *les principaux points à mémoriser.*

ILLUSTRATIONS

Sous ce format, le lecteur trouvera des exemples réels, des éclairages à caractère sociologique ou des présentations de cas ayant une valeur suggestive.

La rédaction d'un manuel est un exercice assez délicat. Le rédacteur doit trouver un équilibre entre la nécessité d'être précis et le risque d'égarer le lecteur dans des détails qui n'en finissent plus. Tel a été notre objectif. Cependant, l'exercice conserve toujours un caractère incertain, que seul un travail d'équipe peut d'ailleurs contribuer à réduire [3]. C'est à ce même type de difficultés que nos lecteurs vont également être confrontés lorsqu'ils devront passer à leurs propres travaux d'écriture. Nous espérons qu'ils trouveront ici des éléments pratiques susceptibles de les aider dans leur démarche, afin qu'à leur tour, ils puissent mettre par écrit le fruit de leur expérience technique.

---

3. Nous tenons à remercier tous ceux qui nous ont apporté une aide précieuse dans la réalisation de ce guide, en particulier Philippe d'Iribarne, Yves Jorlin, Patrice Deniau, Danièle Vagharchakian, Christian Lavergne et André Raffort pour leur soutien et leurs conseils, Danièle Revel pour les tables d'illustration, enfin Geneviève Verdelhan et Jacqueline Braleret pour la recherche des données techniques qui nous ont permis d'enrichir ce guide.

Première partie

LE GUIDE DES PROCÉDURES

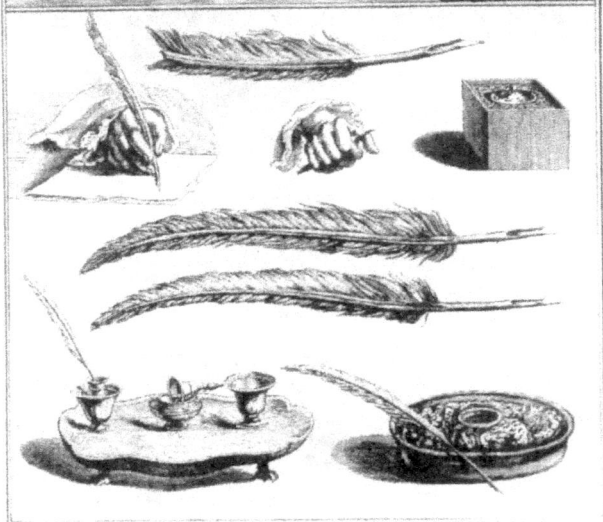

Trois éléments sont nécessaires pour bien écrire : une table solide, un siège commode et un bon éclairage (provenant si possible de gauche). La partie gauche du corps doit s'approcher de la table sans s'y appuyer ; le bras gauche s'avance sur le devant de la table, et y repose depuis le coude jusqu'à la main, dont les doigts seuls maintiennent la feuille et la déplacent, toujours verticalement à mesure qu'elle s'emplit. La plume doit être tenue entre le pouce, l'index et le majeur de la main droite. Les deux autres doigts portent la main en la conduisant de gauche à droite.

Recueil de planches sur les sciences, les arts libéraux et les arts mécaniques avec leur explication. L'Encyclopédie, 1762

1. L'ÉCRITURE

1.1 UN LIEN SOCIO-TECHNIQUE

Complexité + Standardisation

La vie industrielle et plus largement les systèmes économiques modernes sont fondés sur une complexité croissante et sur un effort de standardisation. La fabrication d'une simple boîte d'allumettes ou d'un petit morceau de sucre fait intervenir, dans un ordre prédéfini, de nombreux spécialistes en tout genre : agronomes, chimistes, mécaniciens, électriciens, électromécaniciens, régleurs, mais aussi comptables, informaticiens, designers, commerciaux, transporteurs, etc. Tous ces intervenants font eux-mêmes appel à des connaissances multiples qu'il leur serait bien impossible de redémontrer. Ce réseau complexe d'acteurs et de techniques doit alors répondre aux demandes d'une multitude d'acheteurs qui attendent d'être servis avec une qualité constante : « Chez nous, la surprise, c'est qu'il n'y a pas de surprise », annonçait récemment une publicité. Qu'un seul de ces maillons humains ou matériels vienne à manquer et l'objectif ne sera pas atteint.

✎ *La modernisation des biens et des services implique :*

- *la complexification des produits,*
- *l'homogénéisation de la qualité,*
- *la systématisation des opérations,*
- *la normalisation des procédés.*

En fin de compte, avant que notre malheureux morceau de sucre ne vienne se dissoudre dans notre café, préalablement réchauffé à l'aide de notre modeste allumette, il aura fallu déployer un enchevêtrement complexe d'actions standardisées. Et l'on devine qu'il suffit d'un détail pour que le morceau de sucre arrive à moitié pulvérisé, que l'allumette fasse long feu, que l'étiquette de la boîte soit de travers ou simplement que le client se dérobe [1].

Du processus aux procédures

Cet entrelacement d'opérations multiples peut se décomposer en un nombre fini de processus liés entre eux. Chaque *processus* correspond à une activité de production ou de gestion déterminée. Il implique le déroulement d'un ensemble d'actions visant à remplir une finalité globale. Cette finalité relève généralement d'une même fonction, par exemple au sein d'une même direction. Ainsi, selon l'entreprise, selon sa taille et la complexité de ses techniques, il est possible de distinguer des processus de fabrication, de conditionnement, de prospection clientèle, de vente, etc.

Par redécoupage progressif, chacun de ces processus peut être divisé à son tour en éléments simples : les *procédures*. Par exemple, le processus de vente se décompose en procédures d'enregistrement des commandes, de facturation, d'expédition et de recouvrement. Au cours de chacune de ces procédures, un petit groupe de personnes réalise une suite ordonnée de tâches visant à obtenir un résultat déterminé.

✍ **Définition**   *Une procédure est :*

- *un enchaînement de tâches élémentaires standardisées,*
- *déclenchées en amont par l'expression d'un besoin quelconque,*
- *limitées en aval par l'obtention d'un résultat attendu.*

Chaque procédure se présente donc comme une suite d'opérations effectuées dans une même séquence de temps, par un nombre limité

---

1. B. LATOUR, *Aramis, ou l'amour des techniques*, La Découverte, 1992.

d'acteurs appartenant à un même sous-ensemble. Par exemple, la procédure de facturation conduit à rechercher la fiche client, à éditer la fac-
ture, à la faire viser, à l'enregistrer et à l'expédier. Chacune de ces *tâches*
suppose une série logique d'opérations ou de gestes élémentaires, obéis-
sant à des règles techniques données. Une fiche de procédure contient
donc un ensemble d'instructions permettant de traiter une situation,
définie par un événement initial et un résultat final.

A l'image de ces poupées russes emboîtées les unes dans les autres, il
est possible de désagréger les processus en procédures, qui sont elles-
mêmes découpables en tâches ou en opérations, qui sont à leur tour dis-
sociables en une suite de gestes ordonnés (*cf. figure 1.1 : le voyage en
avion*).

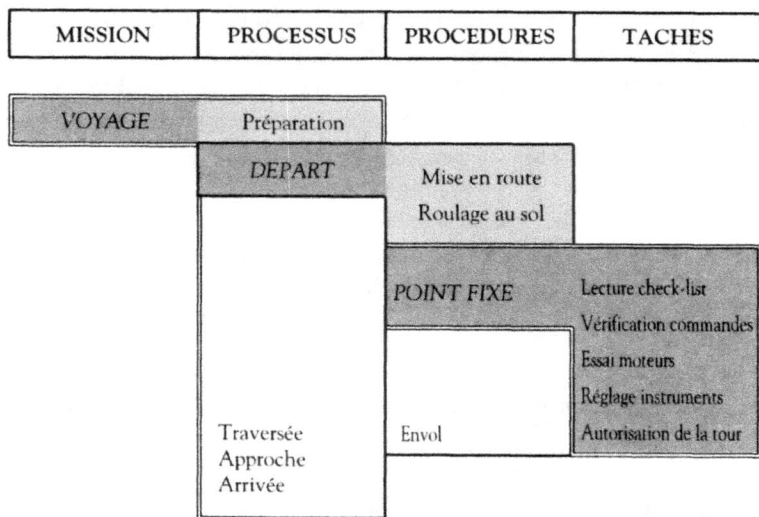

Figure 1.1 Le voyage en avion

Les trois modernisations

Toute entreprise peut donc être décrite comme un ensemble
d'hommes et de machines qui sont reliés entre eux par des procédures.

Celles-ci évoluent constamment afin de répondre à des réalités sans cesse changeantes. Naturellement, ces procédures n'existent pas toujours sous forme écrite. Lorsqu'elles ne sont inscrites que dans les mémoires humaines, leur mise à jour est plus difficile à assurer. Elles n'ont alors que la consistance d'habitudes routinières et elles sont rapidement dégradables dans le temps. Pourtant, leur éventuelle cohérence reste un élément clé de l'efficacité de l'ensemble.

D'une manière générale, l'étude des organisations montre que la standardisation des systèmes peut porter simultanément sur la *qualification des agents*, sur *la définition des produits* ou encore sur *la nature des procédés* de production. Ces « trois modernisations » sont d'ailleurs plus ou moins concomitantes. Toutefois, selon le type d'activité concernée, l'une ou l'autre de ces normalisations tend à être privilégiée [2]. A l'intérieur d'une même entreprise, les différents services, selon leur vocation, sont plus ou moins portés à promouvoir tel ou tel mode de régulation. On sait que les services comptables sont plutôt axés sur la normalisation des procédures tandis que les services commerciaux sont plutôt tournés vers leurs résultats et donc vers leurs tableaux de bord.

En pratique, chacune des « trois modernisations » se matérialise *grosso modo* sous la forme des instruments de gestion classiques (*cf. figure 1.2 : les outils de standardisation*). De manière schématique, on peut considérer que :

- La normalisation des *qualifications* s'appuie principalement sur les *définitions de fonctions* et les *fiches de postes*, chères aux spécialistes de la gestion des ressources humaines [3].

- La standardisation des *résultats* pousse au suivi des divers *tableaux de bord*, développés tant par les services de contrôle de gestion que par ceux du contrôle qualité.

- Les *manuels de procédures* et les fonctions d'audit interne visent enfin à rationaliser les *processus*.

---

2. H. MINTZBERG, *Structure et dynamique des organisations*, Les Éditions d'Organisation, 1993.
3. Cette méthode a eu notamment un essor particulier en France grâce au cabinet Hay.

Au fur et à mesure qu'une organisation se développe, elle doit veiller à maîtriser sa complexité et sa cohésion. Les moyens de contrôle, et donc les supports écrits, tendent à se multiplier. La modernisation des systèmes industriels entraîne ainsi une formalisation de plus en plus poussée des procédures de travail.

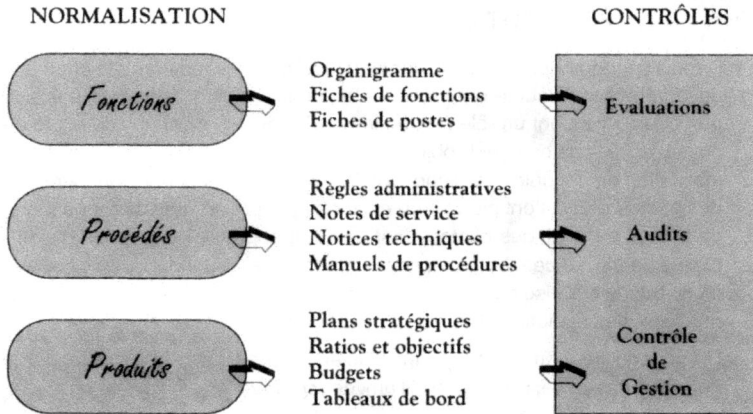

NORMALISATION   CONTRÔLES

Fonctions	Organigramme Fiches de fonctions Fiches de postes	Evaluations
Procédés	Règles administratives Notes de service Notices techniques Manuels de procédures	Audits
Produits	Plans stratégiques Ratios et objectifs Budgets Tableaux de bord	Contrôle de Gestion

Figure 1.2   Les outils de standardisation et de contrôle

Variétés industrielles

Si ces instruments de gestion existent de façon plus ou moins redondante au sein d'une même organisation, leur importance relative peut dépendre du type d'activité considéré. D'une branche économique à l'autre, on relève des différences significatives.

Par exemple, lorsque les connaissances théoriques constituent un point sensible, comme dans le cas des universités ou des hôpitaux, la normalisation des qualifications joue un rôle primordial. Tandis que les entreprises qui réunissent des activités très diversifiées éprouvent plutôt le besoin d'homogénéiser la mesure de leurs résultats. Quant aux grandes unités industrielles, qui ont une production relativement stable, elles tendent à standardiser leurs procédés de travail. C'est le cas de la production automobile, du textile, ainsi que des usines de process telles que les aciéries ou les sucreries.

Une mention particulière doit être accordée aux systèmes qui impliquent des risques élevés. L'aviation et le chemin de fer, parce qu'ils mettent en jeu la sécurité publique, ont toujours été soumis à des procédures très rigoureuses. Il en est de même aujourd'hui dans l'industrie nucléaire et dans la chimie.

L'AÉRONAUTIQUE

- Depuis l'époque héroïque, le pilotage des aéronefs a toujours été soumis à un impératif de sécurité qui préfigure les principes du « zéro défaut ». Les procédures y jouent un rôle prédominant. Certes, les fonctions de pilote ou de mécanicien de bord font l'objet d'une normalisation. Cependant, cette normalisation ne découle pas d'une « définition de fonction », ni d'une « pesée des postes ». Elle tient plutôt à un ensemble de procédures de formation et de tests. Le travail des pilotes n'est pas tant apprécié en fonction d'éventuelles performances (horaires, consommation de kérosène,...) qu'en raison d'une bonne maîtrise des protocoles (respect de la réglementation aérienne, précision des évolutions,...).

- Un voyage peut être découpé en plusieurs processus : la préparation, le départ, la traversée, l'approche et l'arrivée *(cf. figure 1.1 : le voyage en avion)*.

- Ces processus comportent eux-mêmes une succession de procédures : le processus de départ comprend les procédures de mise en route, de roulage au sol, de point fixe et d'envol. Chacune de ces procédures définit précisément des séquences opératoires qui vont relier ensemble le pilote, le copilote, l'appareil, le centre de contrôle au sol, etc.

- Chaque procédure est elle-même constituée d'une suite continue d'opérations élémentaires : le point fixe enchaîne la lecture de la check-list, la vérification des commandes, l'essai des moteurs, le réglage des instruments et la demande d'autorisation à la tour. Ces opérations impliquent l'application de règles techniques (protocole de dialogue avec la tour, respect des normes techniques, etc.).

1.2 Variations géographiques

Du modèle américain...

Des recherches récentes ont montré que l'intérêt accordé aux différents outils de gestion peut aussi varier en fonction du contexte culturel[4]. La manière dont ces outils sont conçus et utilisés change avec le contexte social. Les manuels de procédures n'échappent pas eux-mêmes à ces fluctuations géographiques.

Ceux qui ont fait le voyage vers l'Amérique ont observé l'attention qui y est accordée aux règles écrites. Les acteurs distinguent par exemple les *policies* qui posent des principes généraux et les *procedures* qui fixent les modalités pratiques d'application. Les textes les plus importants définissent des obligations opposables aux parties (direction, personnel, syndicat, etc.). Du fait de leur caractère contractuel, ils ont généralement une forme précise. Alors que ces documents ont une valeur incontournable, on trouve aussi de nombreux *guide-lines* qui visent à définir des méthodes de travail communes. Ils ont un caractère plus facultatif. Ils n'en sont pourtant pas moins détaillés et volumineux.

Face à un tel système réglementaire, les Français éprouvent une certaine perplexité. Ils ont même des difficultés à distinguer la frontière qui sépare, assez nettement aux yeux de leurs cousins d'outre-Atlantique, les textes obligatoires de ceux qui ouvrent droit à une libre interprétation individuelle.

RÉGLEMENTATIONS EN USAGE DANS LES ORGANISMES DE SANTÉ AUX ÉTATS-UNIS

Bylaws : statuts des personnels hospitaliers réglementant l'organisation (hiérarchie, fonctions,...).

Rules : règlement édictant les droits et les devoirs du corps médical.

Regulations : conditions précises dans lesquelles s'appliquent les *Rules*.

Policies : principes définissant l'application des textes précédents à l'ensemble d'un hôpital.

Procedures : processus à suivre pour l'application des *Policies*.

Protocols : description des étapes techniques dans la production des soins.

Regimen : formalisation des méthodes thérapeutiques.

---

4. Ph D'IRIBARNE, *et al*, *Cultures et mondialisation*, Seuil, 1998.

« AGREEMENT » PASSÉ ENTRE UNE COMPAGNIE AMÉRICAINE ET LE SYNDICAT

- Article IX (page 27, lignes numérotées de 29 à 33) :
  Dans tous les cas de promotion, mutation, accroissement ou diminution d'effectifs, les facteurs suivants seront pris en considération :
  – 1. Ancienneté de service ;
  – 2. Capacité à effectuer le travail ;
  – 3. Aptitude physique.

- Article IX, (page 26, lignes numérotées de 29 à 34), définition des termes :
  L'ancienneté de service sera calculée à compter de la date de première embauche, ou d'une réembauche faisant suite à une rupture de contrat avec la Compagnie. Pour le cas où deux ou plusieurs employés auraient été embauchés le même jour, l'ancienneté sera établie par l'ordre alphabétique. Si le nom d'une personne venait à changer par la suite, celle-ci conserverait sa position d'ancienneté selon la liste établie originellement à la date d'embauche.

« GUIDE-LINE » CONCERNANT LA SÉCURITÉ, POUR LES MISSIONNAIRES D'UNE FIRME INTERNATIONALE (EXTRAIT)

- Le présent avis de sécurité est adressé aux missionnaires de la compagnie se rendant à N. Comme n'importe quelle autre grande ville, N. a sa part de criminalité, et bien que ne voulant en aucune façon vous alarmer, nous aimerions vous donner quelques conseils élémentaires de sécurité de manière à nous assurer que votre séjour se déroulera en toute sécurité.

- Toute situation d'agression est unique, et il n'existe donc pas de ligne de conduite (« guide-lines ») spécifique à tenir. Votre réponse devra dépendre d'un certain nombre de paramètres tels que :
  - (a) le type et le lieu de l'affrontement ;
  - (b) la personnalité de l'assaillant ;
  - (c) le nombre des assaillants ;
  - (d) vos capacités personnelles ;
  - (e) le type d'armes utilisées.

Si vous devez faire face à une agression, essayez de rester aussi calme que possible. Vous devez peser vos solutions et décider de ce que pourra être votre meilleure réponse à ce moment particulier. Les réponses possibles comprennent :
  - (a) la non-résistance, acceptation des demandes de l'agresseur ;
  - (b) raisonner le délinquant, utiliser l'assurance verbale ;
  - (c) fuite non violente ;
  - (d) la défense physique.

> Avant de vous défendre physiquement, souvenez-vous que l'attaquant a l'avantage d'avoir choisi le moment et le lieu de l'agression et qu'il peut aussi bien être armé.

aux contradictions françaises...

La réputation des entreprises françaises dans ce domaine semble paradoxale. Il existe naturellement des situations variées qui empêchent toute généralisation trop hâtive. Cependant, les acteurs n'accordent habituellement qu'une confiance limitée aux consignes écrites. Il est fréquent de voir des dirigeants déclarer, l'air impuissant, qu'il leur est « impossible de faire appliquer les textes ». On entend aussi dire qu'une procédure, pour paraître « sérieuse », doit « avoir l'air rébarbative ». Quant aux notices techniques, elles sont perçues comme d'un secours « dérisoire »[5]. L'usage des « recettes » est laissé aux subalternes. De leur côté, les cadres apprécient surtout les notes qui dessinent des grands principes abstraits. Leur aspect assez théorique, parfois très éloigné de la réalité, vaut pour un signe d'élévation d'esprit. Les intéressés se plaisent d'ailleurs à souligner ce trait de leur caractère, en invoquant leur « esprit cartésien ». L'usage d'un abondant jargon est destiné à marquer le « professionnalisme » des rédacteurs. De nombreux consultants peuvent le confirmer : les manuels de procédures sont rarement considérés comme un outil opérationnel.

Cependant, il est impossible de toujours y échapper. Les chemins de fer français sont connus pour l'ampleur de leur réglementation : douze volumes rouges de plusieurs centaines de pages chacun, auxquels on doit un niveau de sécurité des plus élevés, ainsi d'ailleurs que la célèbre ponctualité des trains français[6]. Malheureusement, cette même compagnie est aussi connue, non sans lien, pour son caractère routinier. D'une manière générale, la renommée bureaucratique des administrations françaises a dépassé nos frontières.

---

5. M. AKRICH, « Les modes d'emploi des objets techniques », in *L'état des sciences et des techniques*, La Découverte, 1993.
6. J. Ph. NEUVILLE, « Et pourtant les trains partent... Le fonctionnement des gares en situation perturbée », *Gérer et Comprendre, Annales des Mines*, n° 27, Juin 1992.

LE CAS DES BANQUES FRANÇAISES

Le risque dû à l'insuffisance de procédures écrites est régulièrement fustigé dans les rapports de la Commission Bancaire : « Dans de trop nombreuses banques, les codes de procédures ne sont pas rédigés ou ne sont pas tenus à jour ; pourtant, l'existence de règles préétablies est indispensable à l'exercice des contrôles qu'il s'agisse de l'autocontrôle ou des vérifications *a posteriori*. [...] Dans de grands établissements, la collection des instructions atteint des dimensions physiques telles qu'elles en deviennent inexploitables. A l'inverse, des organismes de faible taille ont renoncé à rédiger leurs règles internes en raison de l'ampleur de la tâche » [7]. D'un côté, certaines banques travaillent donc selon la plus pure tradition orale. De l'autre, on trouve des recueils imposants qui résultent d'une stratification géologique accumulée au long des ans. Les circulaires, rarement actualisées, composent un maquis inextricable qui n'est d'aucun secours pour des opérateurs en difficulté. Ces deux situations extrêmes, apparemment opposées, ne diffèrent guère quant au fond. Elles révèlent un commun désintérêt pour l'utilisation de procédures formalisées.

Ce curieux mélange de résistance aux règles et d'attitudes bureaucratiques n'est pas aussi contradictoire qu'il y paraît. Sauf pour quelques domaines particulièrement « pointus », le respect des règles n'est guère érigé en vertu. Les acteurs considèrent que les textes sont faits... précisément pour être interprétés. Selon eux, les procédures ne peuvent être que des « garde-fous ». Elles vont jouer finalement le seul rôle qui leur est prêté par la mythologie locale, celui d'un rempart qui sert à protéger les prérogatives individuelles [8]. On les ressort de façon pointilleuse dès qu'il s'agit de s'opposer à d'éventuels abus. Rédigées souvent dans cet esprit, elles n'ont pas véritablement de vocation opérationnelle.

... et autres variétés étrangères

Reprenant notre voyage et dirigeant nos pas vers le pays du Soleil Levant, on y trouve une volonté de capitaliser et de diffuser l'information. Ce souci s'exprime dans la confection d'une documentation

---

7. Bulletin de la Commission Bancaire, n° 3, Nov. 1990. Voir également D. MALHERBE, « Documenter les procédures pour améliorer la productivité administrative », *Bancatique*, n° 86, Oct. 1992.
8. M. CROZIER, *Le phénomène bureaucratique*, Le Seuil, 1963.

précise et sans cesse mise à jour. Les acteurs prennent soin constamment de réduire l'écart entre théorie et pratique. Toute information nouvelle trouvée par un membre du groupe est rapidement communiquée à l'ensemble des collègues. Les agents et les cadres, quel que soit leur niveau, s'échangent volontiers des croquis, des schémas ou des notices[9].

Du côté de l'Afrique subsaharienne, les entreprises offrent parfois une illustration exemplaire de l'efficacité qui peut être obtenue d'un système cohérent de procédures[10]. Les agents, sensibles à leur interdépendance, acceptent mal d'être jugés sur leurs résultats individuels. Toute critique de ce type est même ressentie comme une remise en cause des personnes qui peut prendre une tournure relationnelle délicate. Par contre, la standardisation des procédures y paraît aisée. Un certaine part de ritualisation des gestes professionnels y a des effets bénéfiques. La « bonne volonté » étant perçue comme une vertu élémentaire, il est difficile, voire impensable, de « vouloir déroger » à des instructions clairement formulées. Ici, le sens des responsabilités ne s'exerce pas tant par rapport à des objectifs individuels préalablement fixés que par rapport au respect des consignes. De tels textes constituent la base des obligations personnelles.

On retrouve ce même intérêt pour une organisation procédurale dans des pays de tradition islamique. Alors que la religion se mêle au droit pour affirmer que « les actes ne valent que par leurs intentions » et qu'il faut juger « chaque homme selon ses intentions »[11], les procédures apparaissent au sein des organisations modernes, comme une sorte de contrat sur les intentions. « Faire fi » des règles techniquement éprouvées y est le signe d'un dessein peu avouable. Leur violation manifeste est ressentie comme une infidélité répréhensible. Dans le même temps, il est légitime d'en appeler régulièrement au respect des consignes qui ne font appel qu'à la docilité de chacun.

---

9. J. MAGAUD, K. SUGITA, « Le retour des réseaux, une comparaison franco-japonaise », in *Gérer et Comprendre*, *Annales des Mines*, n° 31, Juin 1993.
10. V. FOUTCHANTSE, *Rendez-vous avec le succès*, Inadès Editions, Abidjan, 1990. Voir également A. HENRY, « La décentralisation et les experts, effet d'illusion au Cameroun » , in Ph. d'IRIBARNE *et al*, *Cultures et mondialisation*, *op. cité*.
11. H. LAOUST, *Le précis de droit d'Ibn Qudama*, Institut Français de Damas, Beyrouth, 1950.

Diverses logiques de responsabilisation

Aucune entreprise ne peut indéfiniment se désintéresser de ses résultats. Les « trois modernisations » évoquées précédemment – sur les postes, sur les produits ou sur les procédés – restent partout utiles. Cependant, elles sont en partie redondantes.

Selon le contexte, chacun des outils permet d'avoir plus ou moins prise sur les comportements. Ils ont une efficacité variable selon la mentalité ou le type d'activité. La *définition de fonctions* est essentielle lorsque les acteurs identifient leurs responsabilités à « l'appropriation d'un domaine ». Ailleurs, la *mesure des résultats* par rapport aux objectifs visés est l'instrument principal d'une responsabilisation individuelle. Plus loin encore, on suppose que les résultats dépendent d'une multitude de facteurs indémêlables tels que les moyens alloués, la formation reçue, la qualité des tâches en amont ou encore les aléas de l'environnement. L'atteinte des objectifs est regardée comme la résultante d'un effort collectif. Les *procédures* sont vues comme un moyen de responsabilisation plus approprié.

Elles semblent particulièrement indiquées pour la modernisation des comportements dans des contextes sociaux qui mettent l'accent sur les intentions des personnes. Les liens dans les grandes organisations deviennent plus anonymes. L'importance accordée aux intentions fait naître des biais subjectifs et partisans. L'existence d'instructions explicites constitue alors un moyen de pression acceptable. Elles servent de base à une plus grande objectivité dans les relations. Le contrôle est l'une des choses les moins « naturelles ». Il est souvent nécessaire d'en renforcer la légitimité en s'appuyant sur des procédures formalisées. Paradoxalement, cet outil devient un préalable à la dynamisation des comportements.

Procédures et mondialisation

Depuis le début des années 1990, les occasions de travail en équipes interculturelles se multiplient. Les entreprises européennes se marient pour affronter la concurrence, des grands groupes connaissent une expansion mondiale, des alliances techniques naissent sur Internet ou

encore l'Union Européenne encourage la création d'équipes plurina-
tionales : chacun est amené à travailler dans des univers plurilingues et
pluriculturels. Mais les managers des ces nouvelles équipes affrontent
une question centrale : comment organiser le travail en commun lorsque
les individus manquent de codes communs, que leurs conceptions – de
l'espace, du temps, ou de l'autorité – ne coïncident pas. La multiplicité
des systèmes de références viennent ajouter à la complexité de la vie
quotidienne des organisations.

Face à cette nouvelle difficulté, les équipes internationales tendent
à développer des corpus de procédures formalisées. Lorsque même
les mots – décider, contrôler, etc. – n'ont pas le même sens, les vocables
techniques constituent un ensemble plus stable. Des travaux récents ont
montré l'efficacité, dans ce contexte, de l'utilisation des manuels de
procédures (*cf.* Le projet Eurotelia, ci-après) [12]. L'auteur de cet ouvrage
développe en particulier le cas d'un projet européen réunissant huit pays
différents. Dans ce cadre multiculturel, l'écrit occupe une place pri-
mordiale, comparable à celle des anciens traités internationaux. « Les
procédures remplissent un rôle similaire à celui du protocole dans les
relations diplomatiques. Elles encadrent les interactions des personnes
par des procédures les préservant d'éventuelles offenses dans un espace
dépourvu de repères partagés. » La lourdeur de ce cadre protocolaire
apparaît comme le prix à payer d'une bonne entente, d'où découle l'efficacité collective.

🐪 LE PROJET EUROTELIA

Eurotelia est un projet de recherche de télécommunications réunissant seize
sociétés européennes venant de huit pays différents. Les acteurs du projet
ressentent cruellement l'absence de langage commun : « (Parfois), on est tous
d'accord, mais personne ne donne le même sens à ce mot. » Au-delà de
l'accent mis sur la qualité des relations et sur la recherche de consensus, les
partenaires ont défini – en plus des règles contractuelles les liant à l'Union
Européenne – des procédures détaillées. Le manuel formalise : les structures
internes du projet, les fonctions de chacun, les documents à produire, les procédures d'approbation de ces documents, les moyens de communication entre

12. S. CHEVRIER, *Le management des équipes interculturelles*, PUF, 2000. L'illustration du cas Eurotelia est empruntée à cet ouvrage de référence.

partenaires et jusqu'aux règles de déroulement des réunions. On y trouve aussi bien une description des tâches techniques qu'un guide des comportements. On y apprend, par exemple, que pour conduire efficacement une réunion, il faut commencer à l'heure, donner la parole à chaque participant, contrôler les digressions, etc. Ces procédures dessinent en fait un « contexte » commun à l'intérieur duquel les acteurs peuvent échanger et travailler ensemble.

Un mot aux diverses significations

On le voit, que l'on se situe dans une banque ou dans une entreprise de travaux publics, que l'on soit aux États-Unis ou au Cameroun, où encore dans des équipes multiculturelles, les procédures peuvent occuper une place différente.

Vues de loin, elles font partie des méthodes « universelles » d'organisation. Partout, elles répondent à un besoin de normalisation. Vues de près, selon les contextes, les acteurs n'en ont pas la même perception. Le sens qu'ils donnent à leur diffusion, à leur degré d'obligation ou au fait de les interpréter, varie à chaque fois. Du même coup, leur forme varie en fonction du rôle qui leur est prêté. L'utilisation qui en est faite, le contenu des consignes, les conditions même de leur application diffèrent. Le mot « procédures » n'a pas partout exactement la même signification.

Au terme de ce rapide tour d'horizon, on comprend mieux cette sorte d'obstination inconsciente avec laquelle les Français se refusent à répondre aux demandes de leurs partenaires étrangers visant la réalisation de manuels précis. Que ce soit au Québec ou en Côte d'Ivoire, ils renvoient souvent à la veille de leur départ – ou à son lendemain –, la réalisation d'une exigence contractuelle qu'ils jugent assommante et secondaire. Les manuels restent éternellement au rang de « ce qui était prévu ». On ne s'étonnera pas non plus de l'absence, chez nous, d'une littérature sur un sujet aussi peu valorisé. Frisant le paradoxe, certains soulignent qu'« il n'y a pas de recette pour écrire un bon mode d'emploi », autrement dit, qu'il ne peut y avoir de bon manuel sur la rédaction des manuels. Il est plus aisé de trouver un guide pratique sur la gestion budgétaire, des fiches-outils sur la définition de postes, voire des traités de qualimétrie. Le mot *procédures* figure rarement à l'index thématique des ouvrages de gestion. Elles y sont évoquées en termes plutôt généraux, ne serait-ce que pour inviter à veiller à leur « souplesse » et à leur « légèreté ».

La question qui consisterait à se demander si, du fait de la culture, les procédures sont mieux appliquées dans tel ou tel pays n'a pas grand sens. Cela dépend des personnes et des circonstances. La question est plutôt de savoir comment elles sont perçues selon le contexte. Côté français, une procédure semble bien l'emporter sur toutes les autres, qui veut que « devant toute procédure, on se réserve le droit de l'interpréter ». Ce droit – en même temps, un devoir – résulte d'un arbitrage entre la nature du problème, l'importance de la règle considérée, le rang des personnes concernées, la coutume du service, ce que dicte la conscience de chacun, etc. En d'autres lieux, on supposera plutôt que le respect des textes s'impose strictement.

1.3 Un facteur de modernisation

La protection des risques majeurs

Ces singularités françaises ne sont pas nécessairement inéluctables. La complexité croissante des systèmes techniques et administratifs impose progressivement la mise en œuvre de procédures écrites. Elles répondent à des impératifs de fiabilité et de sécurité.

Les sociétés modernes sont devenues fragiles. La fabrication du morceau de sucre ou d'une allumette sont dorénavant une source de risque public. Il faut s'assurer qu'un faux geste ou qu'un oubli ne risque pas de provoquer un accident ou un empoisonnement des consommateurs. Sans une attention constante, le moindre processus peut dérailler, la plus petite réaction en chaîne peut diverger.

Les procédures sont aujourd'hui au centre des préoccupations pour ceux qui étudient les risques industriels majeurs[13]. Les analyses menées autour de quelques accidents célèbres, tels que l'explosion de la plateforme Piper-Alpha ou la catastrophe de Tchernobyl, montrent que la

---

13. J.L. NICOLET, J. CELIER, *La fiabilité humaine dans l'entreprise*, Ed. Masson, 1984.

méconnaissance ou le non-respect des procédures ont pesé lourd. A la suite d'une première erreur, les opérateurs ont court-circuité les consignes. C'est pourtant à cet instant précis leur respect scrupuleux, qui aurait permis d'éviter le pire.

INCIDENT DE NIVEAU 2 SUR LA TRANCHE N° 5

Selon un communiqué de la Direction de la Sûreté des Installations Nucléaires (DISN), un incident s'est produit le 29 janvier 1994 sur la tranche n° 5 de la centrale du Bugey. L'événement, sans conséquence nucléaire, a été classé au niveau 2 d'une échelle qui en comporte six. Il s'est produit lors d'un redémarrage après un arrêt prolongé de maintenance. D'après EDF et la DISN, cet incident résulte d'une erreur humaine qui s'explique par « un défaut de la qualité de la documentation technique utilisée » lors d'une manœuvre qui implique « des phénomènes physiques complexes » (journal *Le Monde*, 16.02.1994).

Le transfert de technologie

Les entreprises des pays en voie de développement subissent de nombreuses contraintes : faiblesse des moyens financiers, personnel insuffisamment formé, défauts de maintenance,... De ce fait, leurs usines tournent souvent en régime dégradé. Leur exploitation, souvent à la limite du mode normal, représente une source de risque non négligeable. La mise par écrit des procédures y correspond fondamentalement à un besoin de sécurité.

Il n'est pas étonnant que les cadres de ces pays soient sensibles à leur utilité. Cet intérêt porté à la formalisation des procédures répond tout autant à des raisons pédagogiques. L'explicitation des consignes sert à capitaliser le savoir-faire contenu dans l'organisation. Elles sont un excellent support pour le transfert de savoir-faire. Parfois, elles sont d'abord rédigées afin de répondre aux besoins de la formation.

Les sociologues ont eux-mêmes souvent regardé la codification écrite comme une clé de la modernisation des sociétés. Elle permet le développement de relations qui soient indépendantes des personnes [14]. Les

---

14. M. WEBER, 1922, *Economie et Société*, trad. fr. partielle, Plon, 1971.

règles formalisées tracent une frontière entre le domaine public et la vie privée. Elles fournissent la base d'une objectivité élémentaire entre les membres d'un groupe.

La norme Qualité

Les plans d'assurance qualité font l'objet d'une normalisation qui implique en particulier la formalisation de procédures précises et mises à jour.

Les normes Iso, définies par l'International Standard Organisation basée à Genève, sont reconnues dans plus de 70 pays. Deux normes, Iso 9000 et Iso 9004, présentent les lignes directrices des démarches de certification.

L'entreprise qui souhaite être certifiée doit rédiger ses procédures et préparer un dossier. Elle peut demander un prédiagnostic, effectué en France par l'Afnor ou par un cabinet spécialisé, afin de préciser les points éventuels à améliorer. Vient ensuite le contrôle des experts de l'Afaq (Association Française pour l'Assurance de la Qualité) : audit, rapport et réponse de l'entreprise, puis examen du dossier par le comité de certification. Des visites périodiques de surveillance au cours des deux premières années et un audit complet tous les trois ans sont à prévoir.

Les normes Iso 9000, *un menu au choix :*

- Iso 9001 *couvre le champ d'activité le plus large : conception, développement des produits, production, installation, service après-vente.*
- Iso 9002, *la plus souvent utilisée, concerne simplement les opérations de production et/ou d'installation.*
- Iso 9003, *plus rarement demandée, ne porte que sur le contrôle des produits en sortie usine.*

Il importe de soigner la présentation des documents et de leur donner un contenu clair et attractif pour prévenir d'éventuelles réticences de la part des utilisateurs. Faute de les associer, on risque de tomber dans des travers formalistes : les manuels une fois rédigés, sont abandonnés au fond d'un placard ; les intéressés font alors ouvertement la distinction entre les instructions formelles et les activités réelles. Pour tenir compte de telles dérives, les normes Iso 9000 ont subi en 1994 une importante révision. La nouvelle version rend obligatoire la participation des agents à la réalisation de certaines procédures. Cette modification avait pour objectif de provoquer un véritable changement de mentalité, notamment chez ceux qui jugent coûteuse une démarche participative.

LES NORMES INTERNATIONALES FONT PEAU NEUVE

Dix ans après leur création, les normes qualité ont été sensiblement modifiées. Selon les responsables de l'AFNOR, l'édition 1994 visait à réduire les « dérives bureaucratiques » apparues au fil des ans [15]. Des cadres reconnaissaient couramment que leur société, pourtant certifiée, avait rédigé des procédures purement formelles « qui ne servent strictement à rien : on a décrit le "qui fait quoi", mais sans consulter les opérationnels ! » Selon le président de l'AFNOR, les consultants ont eu tendance à « compliquer les normes Iso 9000 pour se présenter comme les hommes de la situation ». Finalement, les efforts faits pour répondre aux exigences de la certification l'emportaient sur la recherche d'une amélioration des produits et des services.

La gestion par projet

La gestion par projet est, par nature, un domaine dans lequel la rédaction des procédures revêt de l'importance.

Un projet est une opération non reproductible, menée sous contraintes de ressources humaines, matérielles ou financières, et aussi sous contrainte de temps. Le maître d'œuvre doit réaliser un ouvrage conforme – en qualité, en coûts et en délais – aux spécifications définies par la maîtrise d'ouvrage. Dans ce contexte, les procédures formalisées font partie intégrante de l'engagement contractuel entre les

---

15. N. HAMOU, « De nouvelles normes Iso 9000 pour rectifier le tir », *La Tribune Desfossés*, n° 24.465, 26 avril 1994.

parties. Elles permettent notamment de garantir des principes d'impartialité, en particulier pour la transparence des appels d'offres et pour l'attribution des marchés aux entreprises prestataires. Elles permettent enfin de préciser le contenu du travail de chaque corps de métier et leur ordre d'intervention. Enfin elles sont indispensables pour préparer les modalités de réception des ouvrages et leur mise en exploitation.

Des manuels de procédures doivent donc être rédigés tout au long du déroulement du projet, depuis la conception générale de l'ouvrage jusqu'au manuel de spécification détaillée. Le cas échéant, une « charte qualité » vient préciser les niveaux de qualité requis et les contrôles prévus.

Une perspective d'avenir

Le langage écrit n'est pas la simple transposition du langage parlé. Il est d'une nature profondément différente. Il crée une segmentation logique du discours. La communication n'est plus seulement auditive, elle devient visuelle. Les listes permettent d'effectuer des tris et des classements. Elles tracent de nouvelles relations entre les informations. L'écrit favorise l'analyse rationnelle et le développement de l'esprit critique. Le passage de l'oral au support graphique donne du recul. Il fixe l'information et apporte une plus grande souplesse d'utilisation. Il permet un stockage et une accumulation illimitée du savoir. Il multiplie le nombre d'interlocuteurs possibles et facilite une diffusion bien au-delà des contacts personnels. La connaissance devient impersonnelle et intemporelle.

LES PREMIERS ÉCRITS HUMAINS

Contrairement à ce que l'on imagine souvent, les premiers écrits de l'humanité, datant de la fin du quatrième millénaire, ne sont pas des textes religieux ou philosophiques. Les tablettes mésopotamiennes et égyptiennes comprenaient des livres de comptes, des inventaires de stocks, des calculs astronomiques ou des recettes de teinture. La « raison graphique » a joué un rôle déterminant dans la naissance de la pensée moderne [16]. Il faut lui attribuer le passage de la magie à la technique, du rite à la rationalité, du mythe à l'histoire, du bricolage à l'ingénierie : « Ce n'est pas par hasard si les étapes

---

16. J. GOODY, *La raison graphique, la domestication de la pensée sauvage*, Les éditions de Minuit, 1977.

décisives du développement de ce que nous appelons maintenant "science" ont à chaque fois suivi l'introduction d'un changement capital dans la technique de communications : l'écriture en Babylonie, l'alphabet en Grèce ancienne, l'imprimerie en Europe occidentale. »

Sur cette lancée, on peut rêver à une nouvelle révolution postinformatique. Le stockage de l'information, son organisation, sa consultation, sa mise à jour et sa transmission sont transformés par les techniques informatiques et le câble optique. La voie est ouverte à une capitalisation intensive, fiable et interactive des connaissances. Ce qui apparaissait hier comme une tâche démesurée est devenu réaliste. Les organisations ont en permanence la possibilité de construire et diffuser la « somme » de leurs connaissances. Elles peuvent réaliser leur propre encyclopédie sous une forme vivante et opérationnelle, à un coût raisonnable.

Les *manuels de procédures* apparaissent comme un nouvel outil du savoir industriel. Ils sont tournés vers le futur.

2. LES ENJEUX

2.1 L'ORGANISATION PROCÉDURALE

Un investissement significatif

Une fois arrêté le principe de la rédaction des procédures, il faut affronter les objections des sceptiques – et ils sont nombreux – qui y verront un travail supplémentaire, peu évident à réaliser et d'aspect rébarbatif. Pourquoi ce changement puisque l'on a toujours su s'en passer ? Pendant que l'on consacre du temps aux procédures, le (vrai ?) travail ne progresse pas ? A qui ou à quoi cela servira-t-il ?

Ce sont là de vraies questions, auxquelles il faut commencer par répondre. C'est d'ailleurs en s'y préparant, que l'on précisera peu à peu les enjeux et les priorités auxquels on veut satisfaire. Avant d'aborder la question des modalités de réalisation, il faut commencer par préciser les objectifs.

Pour l'entreprise, il s'agit d'un investissement, bien que d'ordre immatériel. Il doit être aussi adapté que possible aux besoins des utilisateurs. Sa réalisation a un coût qui peut être élevé. L'effort correspondant est à rapprocher des bénéfices attendus pour l'organisation. Il doit rester économiquement justifié. Il importe donc là aussi de débuter la mise en œuvre d'un tel projet par une délimitation claire des objectifs.

Ce chapitre a pour objet de passer en revue les questions préalables à la rédaction d'un manuel de procédures : A quels objectifs veut-on répondre ? A qui cela servira-t-il ? Quelle en sera l'utilisation réelle (rapportée notamment aux coûts de rédaction) ? Quels types d'information faut-il vraiment écrire ? Nous l'avons vu, les procédures suscitent des réactions diverses. Elles peuvent aussi répondre à des usages variés. Afin d'aider chaque équipe à cerner ses propres enjeux, nous examinons ici tour à tour les objectifs et les usages possibles de tels manuels : la mémorisation des savoir, la réalisation d'un support pédagogique, la structuration des processus de travail et enfin, la mise à plat des système de gestion.

La transcription d'un savoir organisé

Nous l'avons vu, la production de sucres en morceaux ou la gestion des comptes financiers supposent un enchevêtrement complexe d'opérations. Toute entreprise apparaît sous cet angle, comme un ensemble d'hommes et de machines qui sont reliés entre eux par des processus. Ces processus peuvent se découper en une succession de procédures standardisées. Certaines d'entre elles sont d'ailleurs partiellement exécutées par des machines ou par des systèmes robotisés. Plus une activité est complexe, plus elle fait appel à des enchaînements structurés et standardisés, plus elle est susceptible d'être décrite sous forme de procédures.

LE POIDS PROPRE DE L'AVION

L'étude, la construction, le pilotage et l'entretien d'un avion nécessitent une documentation imposante. Si l'on réunissait l'ensemble des manuels techniques nécessaires à son montage et à son utilisation, ils représenteraient un poids équivalent à celui de l'avion lui-même.

La mise par écrit des procédures vise à décrire les tâches effectuées de manière organisée par les différents acteurs. Elle sert à détailler les actions qu'ils réalisent ensemble, à expliciter les enchaînements des opérations et leurs synchronisations. Elle consiste à « mettre à plat » les connaissances implicites incorporées dans l'organisation.

L'objectif de la rédaction de procédures consiste

à expliciter dans un langage directement accessible,

qui fait quoi, où, quand, comment et pour quelle fin.

La mémoire de l'organisation

Les manuels de procédures servent à capitaliser les savoir-faire individuels et collectifs. Ils en facilitent le stockage et la mise en ordre. Ils forment une véritable mémoire de l'organisation.

Fournissant un moyen d'information rapide, ils apportent une garantie de continuité, par exemple lors des mutations de personnel. Le plus souvent, les passations de service sont écourtées, tandis que la négligence des partants et le manque d'humilité naturel des arrivants font que les méthodes de travail en vigueur ne sont pas toujours appliquées. Petit à petit, certains détails passent aux oubliettes, jusqu'à ce qu'un incident révèle la dégradation du système. Quant aux responsables hiérarchiques fraîchement nommés, ils ont tendance à réinventer les méthodes pourtant bien établies. Leurs subordonnés en tirent le sentiment désagréable d'avoir à subir les caprices des supérieurs.

Parce qu'ils apportent une assurance de régularité dans le temps, les manuels de procédures sont un facteur de fiabilité et de qualité pour les partenaires de l'entreprise.

L'ENTREPRISE AMNÉSIQUE

La perte de mémoire constitue sans aucun doute l'une des faiblesses des entreprises françaises, lesquelles consacrent peu d'énergie à stocker leurs savoir-faire. Les vagues de départs en retraite se traduisent par des pertes significatives d'expérience. Si les changements de personnes sont parfois mis à profit pour renouveler les méthodes, ils entraînent aussi des discontinuités coûteuses. Inversement, la capitalisation constante des connaissances, fait partie du mythe de l'entreprise japonaise. Certains voyageurs rapportent qu'on y trouve des « collections d'informations » impressionnantes, patiemment amassées et stockées au fil des ans.

La diffusion du savoir-faire

Les procédures dressent la liste des actions, qui, à la suite d'un événement donné, permettent d'aboutir au résultat escompté. Elles sont un moyen de divulguer sous forme de documents accessibles à tous, les méthodes préconisées dans l'entreprise et de faire connaître les conséquences d'erreurs éventuelles. Elles servent à « raconter » le fonctionnement de l'organisation. Leur mise par écrit matérialise les connaissances qui sont d'habitude à un état diffus dans l'entreprise.

La fonction première des manuels est de faire connaître les règles, les méthodes et les séquences mises en œuvre. Leur principale utilité est celle d'un « mode d'emploi ». Chaque agent peut les consulter pour une prise de connaissance instantanée des modalités d'exécution de ses missions. Il peut y retrouver les tâches qui sont attendues de lui ou de son service. Il peut aussi y trouver des informations sur les actions effectuées par des équipes voisines ou par les autres niveaux hiérarchiques.

Elles permettent à chacun de situer en quoi son propre travail est lié à celui de ses collègues. Elles l'aident à clarifier la répartition des rôles et les relations entre services. Plus largement, les esprits curieux peuvent s'y informer sur les autres domaines de l'entreprise. Les principes de direction et de contrôle sont notamment mieux connus de tous.

Le cycle PDCA ou « Roue de Deming » [1] :

- *Ecrire ce que l'on fait (Plan),*
- *Faire ce que l'on écrit (Do),*
- *Vérifier la conformité du résultat (Check),*
- *Améliorer le système en retour (Act),*

Dans l'approche Qualité, ces 4 stades se succèdent en rotation perpétuelle.

2.2 UN SUPPORT PÉDAGOGIQUE

Un aide-mémoire individuel

La première utilisation possible d'une fiche de procédure est celle d'une simple *check-list*. L'erreur et l'oubli sont des faiblesses malheureusement bien humaines. Ils surviennent par définition à l'improviste.

---

1. Du nom de W. Edwards DEMING qui introduisit le Contrôle Qualité au Japon en 1950.

L'existence d'une documentation écrite permet à chacun de s'autocontrôler, sans crainte de se dévaloriser aux yeux de ses collègues. Elle sert ainsi d'aide-mémoire.

Dans certaines professions comme l'aéronautique, un oubli serait vite impardonnable. La crainte du danger a donc fini par l'emporter sur la « peur du ridicule ». Les acteurs se soumettent volontiers à la contrainte d'une check-list. Plus généralement, cette protection est utile à chaque fois que l'on doit procéder à des opérations techniques délicates ou exceptionnelles, telles qu'un lancement ou le traitement d'un incident. Un document détaillé constitue un élément essentiel de sécurité. On peut y trouver les indications de diagnostic et de conduite indispensables. Il fournit à l'opérateur des informations qui lui permettent de vérifier s'il est dans la configuration prévue et donc, s'il est en train de suivre la bonne procédure... Dans les situations d'urgence, il est indispensable que chaque acteur puisse rapidement prendre conscience d'une éventuelle erreur d'aiguillage.

Naturellement, les activités industrielles n'engagent pas toujours la sécurité des personnes. Toutefois, la recherche actuelle d'une qualité irréprochable, le *zéro défaut*, tend à donner de l'importance à une documentation des chaînes de production. Rappelons que dans ce cas, les procédures font l'objet d'un agrément de l'Association Française pour l'Assurance de la Qualité (AFAQ).

Un outil de formation

Théoriquement, la formation des agents relève de leurs supérieurs hiérarchiques. Toutefois, on sait que, sous la pression du quotidien, ceux-ci n'accordent guère de temps à cette tâche. Ils n'ont d'ailleurs pas toujours les qualités requises, ni forcément le goût de la pédagogie. L'absence de manuels constitue un obstacle psychologique supplémentaire. Elle fournit même une excuse commode. Les responsables, se sentant handicapés, reportent indéfiniment la formation de leurs subordonnés. Quant aux intéressés, obligés de se débrouiller malgré tout, ils n'osent pas toujours interroger leurs supérieurs.

L'existence de manuels est un bon moyen de répondre à cette difficulté. Ils divulguent une bonne partie des informations nécessaires. Munis de cette base, les exécutants peuvent plus facilement « déranger » leurs supérieurs pour les interroger sur des points éventuellement obscurs. Les fiches de procédures servent de point de départ pour la formation des subordonnés. Elles simplifient la tâche de l'encadrement en établissant une aide au dialogue. Lorsqu'elles existent, les responsables doivent toutefois s'assurer de leur diffusion. Il leur revient d'encourager régulièrement leur personnel à les lire.

LE TIROIR AUX OUBLIETTES

A l'occasion du remplacement d'un employé de bureau, parti inopinément en congé maladie, on découvrit qu'il entassait depuis plusieurs mois dans un tiroir, des liasses de demandes à traiter. Alors qu'il ignorait la manière de procéder, il n'avait pas osé se renseigner auprès de ses supérieurs, de peur de perdre sa place.

L'existence d'un manuel pédagogique, aisément accessible, favorise naturellement la polyvalence. Au-delà d'un usage individuel, les fiches de procédures peuvent également servir de support pour des actions de formation collective. Dans ce cas, la forme autant que le contenu doivent être particulièrement soignés.

Un repère pour l'encadrement

Si les fiches de procédures répondent d'abord aux besoins des exécutants, elles remplissent aussi une fonction moins connue : constituer une base d'information pour les responsables hiérarchiques. Disposant d'une vue générale sur les tâches accomplies sous leurs ordres, ils en ignorent souvent les détails pratiques. Il peut leur arriver d'être pris au dépourvu par leurs collaborateurs, voire d'être gênés par certains imprévus. Ils ont alors tendance à éluder les problèmes ou à répondre de manière aléatoire, en fonction des informations qu'ils ont glanées. La documentation des procédures leur donne accès à des descriptifs dont ils n'auraient autrement, qu'une vision abstraite. Ils peuvent prendre ainsi connaissance des tâches exécutées sous leur responsabilité sans craindre de se dévaloriser. Ils y gagnent une idée plus claire du fonctionnement de leur équipe. Ils évitent par là certaines improvisations.

2.3 UN EFFET STRUCTURANT

Un cadre commun entre des logiques distinctes

L'entreprise est un univers diversifié où s'affrontent des fonctions et des logiques souvent contradictoires entre elles, à l'image par exemple, de ce qui oppose les hommes de la fabrication, ceux du service commercial et ceux de la comptabilité[2]. Chaque fonction a sa propre langue, à chacune selon son métier. Sans pouvoir dissiper totalement leurs dissensions, l'existence d'un cadre documentaire unique fournit la base d'un système de communication entre eux. Il leur donne un moyen d'accéder, au moins partiellement, aux contraintes qui régissent leurs partenaires.

LE FABRICANT, LE COMMERÇANT ET LE FINANCIER

Dans l'entreprise, les fabricants sont des sédentaires qui aiment disposer d'outils solides, conçus pour durer. Ils ne craignent rien tant que le changement et les arrêts de production. Leur langue parle de machines et d'organisation. Au contraire, les vendeurs sont des nomades, épris de changement. Leur rôle est de séduire des clients toujours infidèles. Leur langage est celui de la créativité et de la communication. Quant au financier, c'est un inquiet qui observe les deux précédents afin de réduire les dépenses du premier et d'augmenter les prix fixés par le second. Son vocabulaire est celui de l'économie et du contrôle. C'est ainsi que le bruit de leurs disputes parvient souvent dans le bureau de leur maître, au détriment d'une collaboration fructueuse.

Décomposer **toutes les activités sous un même cadre,**
en séquences logiques d'opérations normalisées,

- *Chaîne de montage, Process à feu continu, Système de maintenance, Activité commerciale, Production administrative, ...*

- *Recherche, Développement, Approvisionnement, Lancement, Fabrication, Contrôle, Emballage, Vente, Livraison, Suivi clients, ...*

---

2. C. RIVELINE, « Un point de vue d'ingénieur sur la gestion des organisations », in *Gérer et Comprendre, Annales des Mines*, n° 25, décembre 1991. Nous lui empruntons l'illustration qui suit.

La valeur officielle des procédures leur confère un certain pouvoir d'imposition, notamment lorsqu'il faut faire valoir des priorités ou expliquer des refus difficiles à faire admettre. Décrivant la répartition des tâches, elles contribuent à clarifier les relations entre services et à éviter certains malentendus. Plus globalement, elles permettent de justifier certaines décisions et ainsi de limiter les « procès d'intention » au sein des organisations. Elles ont en quelque sorte, une vertu anxiolytique au plan des relations interpersonnelles. Leur présence diminue le nombre de conflits d'attribution pour lesquels la hiérarchie est habituellement sollicitée. La direction se trouve moins encombrée de demandes d'arbitrage. Elles constituent alors un « langage commun » qui donne de la fluidité à l'organisation.

Un instrument de décentralisation

Les procédures peuvent être un facteur de décentralisation. Elles fixent les méthodes qui sont admises au sein de l'entreprise. Les responsables hiérarchiques faisant connaître de cette façon ce qu'ils attendent de leurs collaborateurs, leur présence est rendue moins indispensable. Tout en introduisant une cohérence des méthodes et des comportements entre les unités d'un même groupe, les manuels facilitent l'éloignement de la tête. Lorsque la soumission à des règles techniques est bien acceptée par les intéressés, la description rigoureuse et détaillée des tâches constitue une garantie d'efficacité. Favorisant une prise de champ de la part des supérieurs hiérarchiques, elle donne aux exécutants un sentiment de meilleure autonomie.

MOZART DANS L'ENTREPRISE

Chez Rhône-Poulenc, pour mieux faire accepter la formalisation des modes opératoires, les responsables Qualité comparent l'entreprise à un orchestre, ses employés à des musiciens et les modes opératoires à des œuvres musicales. A l'instar des instrumentistes qui annotent leur partition au cours des répétitions, les employés actualisent leurs fiches de procédures. Lors de l'interprétation, ils doivent mettre tout leur art à en respecter le texte. Faute de quoi, l'orchestre pourrait décevoir son public... et l'entreprise risquerait de perdre ses clients.

Les procédures apportent également une réponse au besoin d'un contrôle continu. Nous l'avons vu, elles sont une aide à l'autocontrôle. Elles peuvent expliciter des boucles de contrôle qui sont souvent implicites. On peut d'ailleurs compléter les fiches de tâches par des fiches navettes qui servent à matérialiser le bon accomplissement progressif de la procédure.

La piste de l'auditeur

La dérive progressive des règles – leur usure – est une loi constante des organisations. En l'absence d'un contrôle continu, les processus les mieux réglés tendent à se dégrader. La fonction d'audit interne est donc essentielle pour soutenir le fonctionnement d'un tel système.

La description des méthodes de l'audit dépasse le cadre de cet ouvrage. Nous n'en évoquons ici que les principaux aspects, liés directement à la rédaction des procédures. Pour une vision approfondie sur l'audit, le lecteur pourra avantageusement se reporter aux ouvrages spécialisés [3].

L'existence conjointe des procédures et de l'audit conditionne en partie l'attention et le respect qui sont accordés aux règles. Les procédures sont d'autant plus appliquées qu'elles sont réputées contrôlables. Les contrôles *a posteriori* accroissent la valeur du dispositif, allégeant du même coup la charge de l'encadrement direct.

On le sait, la confiance n'exclut pas le contrôle ! Toutefois, pour éviter que les contrôles ne viennent entamer la confiance et l'esprit d'initiative, ils doivent être légitimes. Dans la mesure où les procédures ont fait l'objet d'un débat au moment de leur rédaction et où elles apparaissent comme un engagement commun, elles forment une base de contrôle acceptable.

Les procédures formalisées doivent constituer la référence première de l'auditeur. D'un côté, elles fournissent une piste utile pour ses travaux

---

3. Voir en particulier J. RENARD, *Théorie et pratique de l'audit interne*, Ed. d'Organisation, 2ᵉ éd. 1997. Cet ouvrage, par son approche pédagogique, apparaît comme la suite logique du nôtre.

d'investigation. De l'autre, leur absence rendrait le contrôle délicat, voire impossible. En effet, les reproches faits aux agents seraient vivement contestés. Faute d'instructions précises, ceux-ci pourraient arguer de leur « bonne foi », invoquant une « ignorance » qui serait imputable... à leur hiérarchie. L'auditeur, lorsqu'il ne peut pas s'appuyer sur une base objective, relativement incontestable, finit par être l'objet de critiques systématiques. Il devient soupçonnable de partialité.

En résumé, on peut souligner qu'en l'absence d'un contrôle effectif, les procédures risquent de devenir lettre morte. Réciproquement, en l'absence de procédures écrites, l'audit devient rapidement impraticable. En fin de compte, l'audit est aussi nécessaire au respect des procédures que les procédures sont utiles au bon déroulement de l'audit. Mutuellement indispensables, ils sont inséparables l'un de l'autre.

Un code de conduite

Sur un plan collectif, le manuel de procédures est comparable au code de la route. Il définit des comportements, applicables par tous, pour des circonstances réelles, précisées à l'avance. La valeur de ce code est entretenue par l'existence des contrôles. Pour être crédible, il doit également être mis à jour. Il doit s'adapter à l'évolution des techniques. Toutefois, ici, ce sont les conducteurs qui vont veiller à l'actualisation permanente des règles.

Un code de conduite permet de limiter les risques d'accidents. Grâce aux règles communes, chacun anticipe sur la réaction de ses voisins. Chaque véhicule peut se mouvoir plus librement à l'intérieur d'un même espace partagé par des acteurs divers, sans qu'il soit nécessaire de se référer à un centre de décision unique. Sans ce corps de règles, la circulation routière deviendrait chaotique et dangereuse. Grâce à elle, la fluidité de la circulation se trouve accrue.

Les procédures resteront inutilisées si elles ne sont pas prises au sérieux. Cela suppose que chacun entende bien la demande dont elles sont l'expression et donc que leur contenu ait été débattu entre les intéressés.

> ✍️ **Le respect des règles** *exprime le souci d'un travail collectif :*
>
> - *si elles limitent la liberté laissée aux uns,*
> - *c'est pour matérialiser la place donnée aux autres,*
> - *afin d'accroître le dynamisme de l'ensemble.*

On sait que les procédures sont parfois de peu de poids, quand bien même elles ne deviennent pas une source de blocages. Il est donc essentiel de réaliser une documentation qui réponde aux attentes des utilisateurs. Si leur contenu est abstrait, elles seront peu prisées, sauf à être invoquées par ceux qui en useront uniquement pour se défendre. Pour limiter ce risque, les énoncés devront être aussi proches que possible de la réalité. Simultanément, la démarche de formalisation devra reposer sur un engagement collectif.

2.4 UN ÉLÉMENT DU SYSTÈME DE GESTION

Un ensemble documentaire

En l'absence de procédures écrites, l'information du personnel se fait souvent par voie de *notes de services*. Celles-ci présentent l'avantage apparent d'une plus grande légèreté. En réalité, cette légèreté est elle-même leur point faible.

Les notes de services constituent en effet un ensemble épars. De forme hétérogène, elles contiennent des informations de nature diverse. Les règles permanentes y sont mêlées aux consignes provisoires. Leur mise à jour est aléatoire. Il tend alors à se constituer un empilement de strates incohérentes entre elles. L'ensemble devient vite contradictoire et lacunaire.

Faute d'un classement structuré, les notes de services sont volatiles. Certaines notes qui « ont dû exister » sont difficiles à retrouver, à moins qu'elles ne soient « oubliées » ou « perdues ». Leur pérennité ne tient qu'aux mémoires individuelles. Parfois, les utilisateurs ignorent simplement si la version dont ils disposent est la dernière en vigueur. Chacun invoque, de bonne foi, le fait que les règles ne lui ont pas été transmises ou qu'il les a jugées inadaptées en raison de leur ancienneté. La valeur des notes de services s'affaiblit très rapidement.

LE CHEF DE GARE ET LA CIRCULAIRE [4]

Comme les gaz parfaits, dont on sait qu'ils tendent à occuper tout l'espace disponible, les règles ont tendance à encombrer l'espace administratif jusqu'à l'éclatement. Cet encombrement croît d'autant plus aisément qu'aucun garde-fou ne peut l'arrêter à temps. Les échelons supérieurs de la hiérarchie ne s'intéressent généralement guère à la prolifération des règles. Quant aux échelons subalternes, ils s'en accommodent sans transmettre de signaux d'alarme à leurs supérieurs. Ils s'adaptent à la pléthore de règles en n'en observant plus aucune, ce qui est assez fâcheux si l'on considère que certaines d'entre elles ont leur importance : « Un chef de gare à qui on reprochait de n'avoir pas lu une lettre donna pour excuse : "je l'avais prise pour une circulaire". »

La codification des procédures revient implicitement à instaurer un stockage ordonné des consignes afin d'en assurer la diffusion et l'actualisation. Il s'agit en fait de les compiler, d'organiser leurs mises à jour successives et de garantir leur transmission systématique aux utilisateurs. La notion de note de service est alors réservée aux instructions qui ont une durée de vie limitée. De leur côté, les manuels apportent une garantie de diffusion et ils facilitent l'accessibilité des informations. Ils constituent une base documentaire, suivie de façon centralisée pour un usage décentralisé.

L'écrit présente de nombreux atouts. Il faut néanmoins remarquer que la recherche de l'information paraît souvent longue et fastidieuse aux utilisateurs. Du coup, ils ont tendance à préférer l'usage de leur mémoire, plus rapide d'accès. L'avantage comparatif d'une documentation écrite n'apparaît qu'à la condition qu'elle s'accompagne de catalogues et de listes qui facilitent efficacement l'accès à l'information.

---

4. M. Matheu, « La gestion : une simple question de bon sens ? », in *Gérer et Comprendre, Annales des Mines*, n° 9, décembre 1987. Cet article commente un ouvrage publié en 1940 par un Inspecteur Général des Chemins de fer : François Léo, *Le bon sens administratif*, introduction d'Ernest Mercier, Éditions littéraires de France, Paris.

L'informatique offre aujourd'hui des outils efficaces pour gérer de gros volumes d'informations, pour maîtriser leur complexité, pour assurer leur actualisation ou pour faciliter leur consultation instantanée. Elle permet une gestion souple et rapide des connaissances. La production d'un système de procédures en est désormais facilitée.

La mise à plat de l'existant

Une fois que les manuels existent, ils forment une base utile pour l'analyse des risques et ils peuvent offrir une aide à des actions de modernisation. La « mise à plat » de l'existant constitue en effet un excellent point de départ pour une rationalisation de l'organisation. On n'améliore bien que ce qui est connu. Pour faire évoluer les méthodes de travail, il faut donc commencer par maîtriser celles qui sont en place.

PATHOLOGIE QUOTIDIENNE DES ORGANISATIONS

Toute organisation engendre des contradictions, des omissions ou des redondances. La fabrication des procédures met en lumière les incohérences les plus pénalisantes. A cette occasion, on découvre que certaines tâches sont effectuées sans aucune méthode. D'autres sont simplement oubliées, chacun supposant qu'elles incombent à un tiers. Certains travaux sont effectués en double, tandis qu'une même opération peut être traitée de façon différente selon les services. Des disparités existent parfois entre les agents d'un même service. On trouve enfin des opérations qui continuent d'être appliquées sans que personne se soit aperçu de leur inutilité. Survivance d'une activité tombée en désuétude, il s'agit là de véritables vestiges historiques.

La mise par écrit crée une prise de distance des acteurs par rapport à leurs tâches routinières. Elle fournit automatiquement un recul critique et par là, un regard plus objectif. Elle facilite l'analyse d'éventuels points de fuite, ainsi que la reconstitution des boucles de contrôle effectives. Elle rend les lacunes plus visibles. Parallèlement, elle suscite une concertation entre les acteurs. Leurs échanges étant centrés autour de questions pratiques, l'objectivité des débats s'en trouve accrue. Il est alors possible de réduire les incohérences les plus lourdes et d'homogénéiser les méthodes qui peuvent l'être. Cette compilation de l'existant permet de reconstituer une vue d'ensemble et des mises en perspective.

Le *business process reengineering*, qui a connu son heure de gloire dans les années 1990, consiste – comme l'analyse de la chaîne de valeurs – à dissocier les activités qui sont porteuses de valeur de celles qui ne le sont pas. Le reengineering consiste à reconfigurer les processus en vue de leur simplification et de leur optimisation [5]. Après leur mise à plat, on cherche à compacter les tâches, à réduire le nombre d'intervenants et à raccourcir les délais. Le principal enjeu est d'aider les entreprises à s'intéresser à la gestion des processus plutôt qu'à celle des fonctions : plutôt que de se focaliser sur la répartition des moyens, on s'intéresse à la finalité des actions, et donc au service des clients. De nombreuses actions de *reengineering* ont permis d'alléger les organisations. Toutefois, l'approche risque d'ignorer la « dimension humaine » et nombre d'opérations de *reengineering* ont échoué sur cette vision trop technique. Ce sont les personnes et non les processus qui font les changements réussis. On retiendra que l'écriture des procédures peut aider à améliorer les étapes d'analyse dans les travaux de reconfiguration des processus.

Une pièce du système d'information

L'analyse des procédures consiste à décrire les tâches en séquences d'instructions élémentaires exécutables. Le résultat s'apparente à un programme, même si toutes les opérations correspondantes ne sont pas effectuées par des machines. L'analyse et la restitution des procédures impliquent donc une démarche similaire à celle employée pour la réalisation d'une application informatique. Comme pour un logiciel informatique, il faut expliciter les règles, les méthodes et les process sous-jacents, pour les transcrire en une série d'instructions primaires. Comme pour les routines d'un programme, il s'agit de dérouler l'ensemble des conditions et des opérations logiques, sous forme d'ordres formalisés. Comme pour les logiciels, les procédures font partie du *système d'information et de gestion* de l'entreprise.

Outre qu'ils facilitent l'amélioration des processus, les manuels de procédures constituent aussi une excellente base d'analyse pour les projets d'informatisation.

---

5. J. PINTEA, *Reengineering des systèmes documentaires*, Les Editions d'Organisation, 1995.

L'ANALYSE PRÉALABLE EN VUE D'UNE INFORMATISATION

Toute informatisation exige la préparation d'un « cahier des charges » qui résulte d'une analyse des processus. Il s'agit de connaître le déroulement précis des tâches afin de définir leur future automatisation. Les manuels donnent un accès direct à la connaissance des processus de travail. Ils permettent une économie partielle de la phase d'analyse préalable qui consiste précisément à faire apparaître l'existant.

> Sous l'angle de l'*approche systémique*[6], les procédures sont :
>
> - une pièce du système d'information de l'entreprise ;
> - une partie de son système opérant (activité de production) ;
> - un élément du dialogue avec son système de pilotage.

Dès leur formalisation, les procédures apportent un cadre de référence pour la présentation et le classement des informations. Elles mettent au jour certaines lacunes. Elles permettent d'assurer une meilleure exhaustivité et une plus grande homogénéité du système d'information et de gestion. Elles constituent le « volume de référence » de l'entreprise.

Pour aller à l'essentiel

Les procédures peuvent répondre à des besoins divers : mise à plat des savoir-faire incorporés dans l'organisation, support d'information et de formation, aide-mémoire individuel, outil d'organisation, référence pour les contrôles, moyen de capitalisation technique, etc. Tout cela, diront les « anciens », est bel et bon, mais rien ne remplace l'expérience. En effet, un manuel ne peut s'y substituer.

Face à un personnel sceptique, peu favorable à ce travail supplémentaire, il vaut mieux se limiter à l'essentiel. On pourra réserver les procédures écrites aux opérations qui mettent en jeu des questions de sécurité : sécurité des biens et des personnes, dans les process de

---

6. J. de ROSNAY, *Le Macroscope, vers une vision globale*, Seuil, 1975. Voir aussi J. MÉLÈSE, *Approches systémiques des organisations*, Les Éditions d'Organisation, 1990.

production ; sécurité commerciale, lorsque la qualité ou l'image d'un produit peuvent être compromises ; sécurité financière, dès que les montants en jeu sont importants. En particulier, le risque s'accroît avec les distances entre les acteurs impliqués (par exemple, lorsqu'une partie du montage ou de la fabrication se font loin des services de conception et de production).

Les besoins de formation – par exemple, pour une population nombreuse, peu formée, changeante, qui risque de tâtonner – constituent également une des justifications essentielles. L'utilité des procédures paraît enfin évidente lorsque la hiérarchie est amenée à répéter constamment les mêmes explications ou que l'on veut éliminer des défauts récurrents.

Pour écrire l'essentiel, *il faut formaliser ce qui touche*

- **à la sécurité des opérations**
  (personnes, équipements, finances ou image commerciale)
- **aux besoins pédagogiques**
  (défauts récurrents, personnel mobile, explications répétées)

---

3. LE FORMALISME

3.1 L'ARCHITECTURE DES MANUELS

Une construction complexe

A l'intérieur d'un organisme, d'une entreprise, d'une administration ou d'une organisation quelconque, les procédures vont constituer un même ensemble. Le tout doit composer, autant que possible, une architecture complète et cohérente.

Chaque procédure joue un rôle qui lui est propre. Simultanément, elle est reliée aux autres. Cette cohérence doit être préservée lors des mises à jour. Un changement à l'intérieur d'une procédure peut entraîner des modifications en cascade auxquelles il faut prendre garde. Il est donc utile de connaître le chaînage des procédures : la construction des diagrammes de processus répond notamment à cet objectif (*cf.* chapitre 5.2 : la validation globale). Il sera ainsi plus commode de visualiser les répercussions d'un mouvement sur le reste de la structure.

LES MOUVEMENTS DE STRUCTURE

Un manuel de procédures peut rapidement ressembler à ces bâtiments qui subissent des ajouts au fil des ans. La modification d'un élément entraîne de nombreuses autres modifications. Les incohérences dues à ces apports ultérieurs, engagent la fiabilité du système. Le changement d'une procédure peut se répercuter sur des procédures de type similaire, sur celles qui sont en amont ou encore sur celles qui sont en aval. La modification de la procédure A(n) entraîne par exemple un changement sur A(n-1) et A(n+1). Mais si A(n-1) et B(n-1) sont reliées, cela fait évoluer B(n-1), puis du même coup, les procédures B(n) et B(n+1), etc.

La confiance accordée par les opérateurs au système de procédures, dépend simultanément de leur lisibilité et de leur fiabilité. Si les utilisateurs découvrent régulièrement des erreurs, ils finiront par l'abandonner : l'intérêt de l'outil dépend directement de la qualité des mises à jour et de la cohérence du tout.

Sur un plan matériel, toutes les procédures doivent être regroupées à l'intérieur d'un même ensemble : le *manuel de procédures*. Ce manuel peut avoir des dimensions conséquentes. Il est alors divisé en sous-ensembles homogènes.

Divers sous-ensembles

Le manuel de procédures va se décomposer en plusieurs volumes, selon la taille et l'activité de l'entreprise. Ceux-ci seront tout d'abord groupés en fonction des utilisateurs : un même service, une équipe ou un agent doit disposer des procédures qui lui sont utiles dans un même recueil. L'optimum consiste à lui fournir toutes celles et seulement celles qui lui sont destinées.

La décomposition de l'ouvrage reprend généralement un découpage de l'entreprise par directions, par départements ou par services. Celui-ci peut cependant être croisé avec un découpage par *fonctions* ou aussi par *types d'usages*. Le découpage par domaines techniques fait apparaître les différentes fonctions techniques : production, exploitation, activité commerciale, fonction administrative, gestion du personnel, gestion comptable et financière, etc. Quant à la différenciation par usages, elle distingue les procédures selon le type d'utilisation auxquel elles renvoient. On peut ainsi dissocier les *procédures d'exploitation*, les *procédures périodiques* et les *procédures exceptionnelles* (*cf. figure 3.1 : Une architecture complexe*).

Les *procédures périodiques* concernent des activités liées à l'exploitation : sauvegardes, maintenance, contrôles, essais... Elles peuvent être accolées aux procédures normales d'exploitation. Toutefois, dans la mesure où elles touchent à l'intégrité, voire à la sécurité de l'organisation, elles y ont un statut spécifique (sous-classement particulier, signalement repérable, etc.).

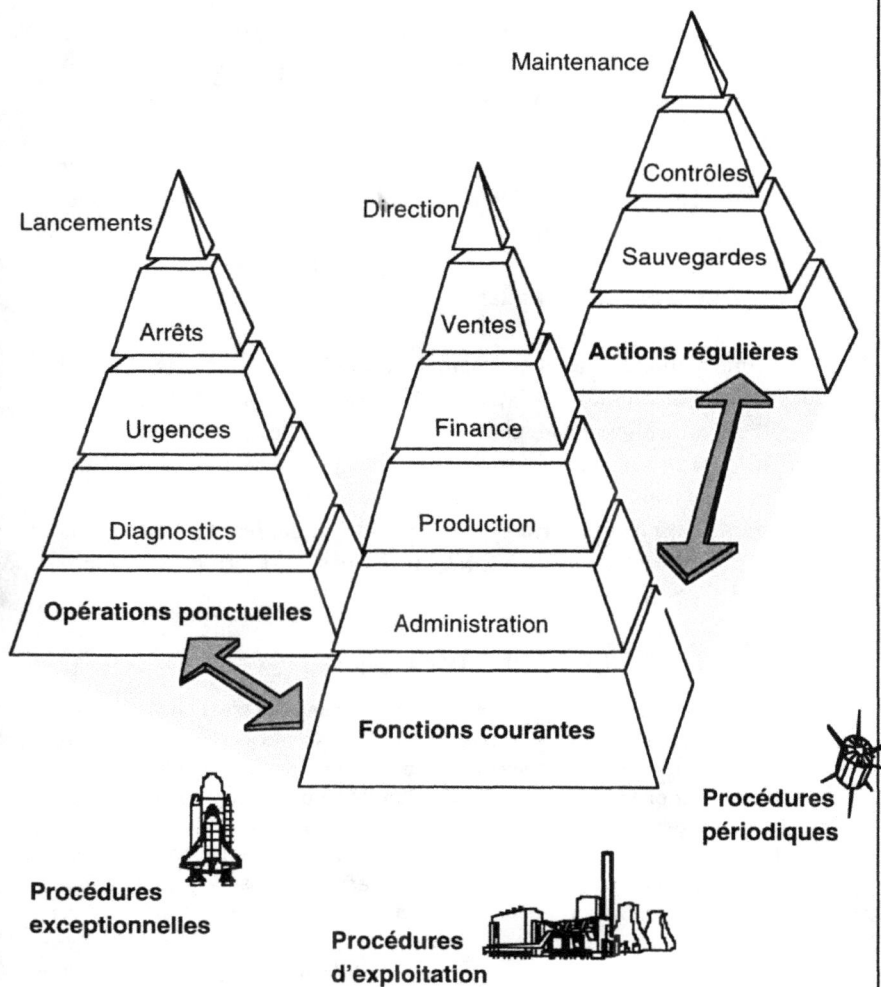

Figure 3.1   Une architecture complexe

Les *procédures exceptionnelles* peuvent être regroupées, par exemple, dans un volume spécialisé. Elles traitent des cas d'urgence, des diagnostics, des lancements, des régimes transitoires ou des arrêts spéciaux. Du fait de leur utilisation peu fréquente et de leur caractère sensible, elles doivent être particulièrement soignées sur le plan de la précision et de la clarté. On portera une attention toute particulière aux *procédures d'urgence*. Etant consultées à la suite d'une défaillance ou d'une erreur de manipulation, alors que le process de travail est en régime dégradé, elles touchent à la sécurité des personnes et des biens.

Une structure standardisée

D'une manière générale, la facilité d'accès à une information est une des conditions du succès du système. Il est donc important que la structure du manuel apparaisse clairement aux yeux des utilisateurs. Cette structure se matérialise naturellement par la séparation en livrets distincts. Mais il est aussi possible de la rendre apparente en différenciant la présentation de ces parties (par exemple, par des feuilles de couleurs différentes). Dans ce même esprit, l'introduction de structures homogènes et répétitives, est très utile.

CRÉER LA RÉPÉTITION

Pour accroître la rapidité de consultation, on essaye de créer des habitudes chez le lecteur. L'usage de standards dans le classement est un facteur favorable. Ainsi, les manuels peuvent être construits suivant des séquences répétitives. Par exemple, pour un guide d'entretien auto, on retrouverait pour chaque organe, la succession : Description du matériel, Entretien périodique, Nettoyage, Démontage, Réglages et essais, Diagnostic des pannes. Puis, pour chaque véhicule, on aurait la même série : Carrosserie, Essieu avant, Essieu arrière, Cabine intérieure, Circuit carburant, Moteur, Electricité, etc.

Certains guides techniques, ayant une origine externe ou un statut indépendant (notice d'un constructeur, manuel des règles comptables,...) sont traités séparément. Il est toutefois préférable de les référencer au cadre global des manuels.

Gérer un manuel de procédures, c'est gérer des catalogues d'opérations techniques. La structure de ces listes doit faire l'objet d'un travail minutieux. La constitution en fin d'ouvrage de sommaires, d'index et de glossaires constitue un facteur essentiel pour garantir une bonne accessibilité de l'information.

✍ **L'accès rapide** à l'information dépend de l'existence :

de catalogues, de sommaires, d'index, de lexiques,

soigneusement organisés en fonction des utilisateurs.

Trois parties pour un manuel

Chaque volume peut comporter à son tour, une structure en trois grandes parties : les généralités introductives, les fiches de procédures proprement dites, et enfin les annexes et tables complémentaires.

La *première partie* comprend le sommaire et l'introduction générale du manuel. Cette partie se retrouve en tête de chaque volume, avec éventuellement une partie commune à l'ensemble des volumes et une partie introductive plus spécifique. L'introduction permet de rappeler les objectifs qui ont conduit à la mise en place de l'outil et elle en explique la structure générale. Elle sert aussi à donner des indications pratiques pour la consultation et la recherche d'informations à l'intérieur du manuel. Elle peut donner des précisions concernant la philosophie d'application des procédures (degré d'obligation des consignes, recours en cas de difficultés, importance des contrôles, principes de mise à jour, etc.). Il convient d'accorder à ce niveau une mention particulière aux dispositions de mise à jour (qui ? quand ? comment ?). Compte tenu de leur caractère fondamental, ces dispositions peuvent même faire l'objet d'une « procédure de mise à jour des procédures » placée en exergue. Cette partie introductive peut également reprendre divers points généraux, tels que l'organisation générale des services, le contenu du contrat éventuel d'assurance qualité, etc. Toutefois, afin d'éviter toute surcharge, ces éléments généraux peuvent aussi faire l'objet d'un tome séparé, commun à tous les services.

La *deuxième partie* du manuel, la plus volumineuse, en est le corps central. Elle regroupe toutes les fiches de procédures classées. Pour chaque procédure, prise individuellement, on retrouve une même structure logique : description synthétique de la procédure, diagramme de flux et fiche descriptive des tâches. Le formalisme de ces principaux documents est décrit ci-après. Selon les besoins, on peut éventuellement ajouter des fiches techniques (règles et modes opératoires détaillés), des exemples de supports (bordereaux, tableaux types, copies d'écrans informatiques, plans cotés...).

La *troisième partie* du manuel peut fournir des documents annexes, tels que des tables de données ou des illustrations complémentaires. Cette partie comprend surtout des listes de procédures. La structure de ces listes peut obéir à diverses logiques. Elles peuvent être présentées selon leur ordre de classement (sommaire) ou par ordre alphabétique (index). Dans ce dernier cas, une liste peut présenter des regroupements thématiques, par *objet* ou par *processus*.

On entend par *objet* quelque chose qui existe physiquement pour l'entreprise, qui est important pour son activité et qui est classable en individualités distinguables (par exemple : clients, bons de commande, pièces détachées, employés, véhicules, bâtiments,...) [1]. Nous verrons qu'il est aussi utile en fin de parcours de regrouper les procédures par processus. Cette liste par processus peut être complétée par des diagrammes d'enchaînement de processus. Ces schémas ont l'avantage d'offrir une vision synthétique des différentes étapes au sein d'un processus (*cf.* 5.2 : La validation globale). On peut enfin ajouter dans cette partie, un glossaire général définissant les termes techniques utilisés.

---

1. En un sens qui s'inspire des analyses de type Merise. Voir notamment H. TARDIEU, A. ROCHFELD, R. COLLETTI, G. PANET, G. VAHÉE, *La méthode Merise*, 2 tomes, Les Éditions d'Organisation, Poche, Paris, 1995.

✍ **Le plan type** *du manuel de procédures :*

- **Généralités**
    Préface de la direction (l'esprit du texte)
    Mode d'emploi du manuel
    Procédure de mise à jour

- **Procédures classées**
    Page de synthèse
    Diagramme de flux
    Description détaillée des tâches

- **Tables**
    Lexique
    Listes par processus ou par objets
    Index
    Sommaire

Les fiches de procédures

Comme nous l'avons déjà dit, chaque document de procédure peut lui-même se décomposer en une même séquence de parties.

Au premier niveau, on trouve la *présentation synthétique* de la procédure. Elle fournit une vue générale, en rappelant sous forme succincte l'objectif de la procédure et ses principales caractéristiques (le cas échéant, son point de départ, sa fréquence d'application, les acteurs concernés, le volume d'activité correspondant), les services émetteurs (rédacteur, vérificateur, validateur), la liste des destinataires, et l'historique des mises à jour. La conservation des versions successives d'une procédure répond à une exigence légale. La synthèse doit tenir à l'intérieur d'une simple page.

Le second niveau correspond au descriptif proprement dit de la procédure. Il se présente généralement sous la forme conjointe d'un *diagramme de flux* et d'une *fiche de tâches* (*cf.* chapitre 3.3 : Les supports de représentation). C'est à ce niveau que se trouve l'essentiel des informations concernant la procédure : son déroulement chronologique, les noms des intervenants (individus ou services), le contenu des tâches, les consignes d'exécution, l'indication des supports utilisés, etc. C'est le noyau central du manuel. Chaque procédure y est décrite de façon explicite, dans le cadre de l'organisation en vigueur. Ce niveau peut se suffire à lui-même, le troisième niveau étant plus facultatif. Toutefois, le contenu de cette section dépend implicitement de choix organisationnels qui sont susceptibles de varier avec le temps.

✍️ **Les fiches de procédures :**

- **Description synthétique**   *objet, responsables, destinataires, périodicité.*

- **Diagramme de flux**   *chronologie, intervenants,*
  Fiches de tâches   *descriptif détaillé des tâches, référence des supports.*

- **Documents techniques**   *détails pratiques, exemples, image des supports.*

Le troisième niveau éventuel peut servir à présenter de façon séparée la description détaillée des règles techniques (règles de gestion, descriptions de process,...). On y trouve des explications complémentaires sur l'exécution concrète des tâches, en descendant à un niveau de détail encore plus approfondi. Il s'agit des *règles*, qui sont relativement indépendantes de l'organisation. On peut également y faire figurer la reproduction des supports utilisés, des graphiques explicatifs, des illustrations, des exemples, etc.

La répartition des informations entre les différents niveaux (synthèse, fiche descriptive et règles techniques) peut découler d'une réflexion sur les différentes catégories d'utilisateurs potentiels du manuel. Il peut être utile de distinguer les documents à vocation directement *opérationnelle*, de ceux qui sont à usage *pédagogique*. D'un côté, les opérateurs expérimentés ont plutôt besoin d'un document concis, qui rappelle la succession des principales actions, à la manière d'une check-list. De l'autre, on peut vouloir mettre à la disposition des utilisateurs non avertis ou nouveaux, des explications détaillées, voire des illustrations pratiques. La première partie peut servir à rendre aisément accessible les principales informations pratiques. C'est dans la seconde partie que l'on peut choisir de stocker les méthodes de travail et les savoir-faire complexes de l'entreprise.

A l'intérieur d'une même organisation, il est important de conserver une même structure de présentation. Là encore, il est utile de développer des standards pour que le lecteur s'y reconnaisse facilement : agencement des pages, taille des titres et des sous-titres, caractères utilisés, icônes, couleurs des pages, etc. Si, d'une page à l'autre, il retrouve toujours la même structure, sa lecture en sera simplifiée et accélérée.

3.2 LA FORMALISATION : PRINCIPES DE BASE

Des qualités indispensables

Les manuels répondent à des besoins divers. Ils peuvent tour à tour, contenir des dispositions réglementaires ou juridiques, servir de guide d'apprentissage, définir la répartition des tâches et leurs relations, constituer un support de contrôle, etc. Même si ces besoins ne sont pas contradictoires, ils correspondent à des optiques parfois distinctes. Il n'est pas indifférent de vouloir privilégier la notion de check-lists individuelles, ou de chercher à poser des règles orientées vers un souci collectif de collaboration. Le contenu des documents comme la démarche de préparation peuvent s'en trouver partiellement modifiés.

Toutefois, les manuels ont toujours un rôle pédagogique. Même lorsqu'il s'agit de lister des successions de consignes, à la manière d'un programme logique, ils s'adressent à des personnes. Ils doivent être rédigés dans un langage aisément accessible. Leur bonne ergonomie est un objectif essentiel.

De manière générale, la présentation graphique du document est importante. Celui-ci peut être divisé en parties autonomes, différenciables par le style et par la typographie. Cette partition du texte sert à hiérarchiser l'information et à faciliter différents modes de lecture : parcours rapide, apprentissage détaillé, mémorisation des points clés, recherche d'une confirmation, etc.

✍🏻 **Pour être opérationnelles**, *les procédures doivent être* :

- *d'un accès rapide, et donc …*   *claires,*
- *d'une lecture courante, et donc …*   *concrètes,*
- *d'un contenu explicite, et donc …*   *précises,*
- *continûment mises à jour, et donc…*   *réalistes.*

Un style pratique

Le rédacteur d'une procédure ne doit jamais perdre de vue son objectif : offrir tous les renseignements et seulement ceux qui sont utiles aux acteurs. Il est donc fréquemment conduit à s'interroger sur l'importance des informations et sur l'opportunité de les répercuter.

Quant au style, et même si cela peut paraître évident, il faut rappeler que la première qualité d'un tel texte est de ne présenter aucune ambiguïté. Tant qu'à rappeler des principes élémentaires, sa seconde qualité, qui est incluse dans la précédente, est d'être facile d'accès. On veillera à ce que le texte soit organisé en sections courtes et rapidement repérables.

Il faut éviter au lecteur d'avoir à lire de longs passages avant d'atteindre l'information qui le concerne. Pour l'aider à ne pas se noyer, il est utile de faire sans cesse ressortir les étapes essentielles [2].

---

2. Pour l'ensemble de ces questions, on aura intérêt à se reporter d'une part, à J.L. NICOLET, J. CELIER, *La fiabilité humaine dans l'entreprise*, Éd. Masson, 1990 ; d'autre part, à T. PASDELOUP, « Les procédures de vol », *Performances Humaines & Techniques*, N° 67-68, Fév. 1994.

Le texte doit aussi faire le lien entre les consignes reçues et les effets constatés. En effet, les opérateurs ont souvent tendance à poursuivre une procédure entamée, du début jusqu'à la fin. Il est souhaitable de leur fournir au cours du déroulement, des éléments de contrôle qui leur permettent de vérifier que tout se passe comme prévu. On peut donner, selon les cas, de simples indications d'autocontrôle ou des points de passage obligés (documents à remplir, visas, partenaires à prévenir,...). Lorsqu'un écart est constaté par rapport à ce qui est indiqué, l'opérateur peut stopper la boucle en cours d'exécution et réexaminer la situation. Il arrive qu'il constate, grâce à cette précaution, qu'il s'est tout simplement... trompé de procédure.

Dans le cas d'une juxtaposition ou *a fortiori* d'une succession de procédures similaires, il convient de mettre en évidence à chaque fiche, les éléments variables spécifiques et les paramètres qui restent inchangés.

Un texte accessible *doit :*

- *être découpé en paragraphes courts, d'une lecture rapide,*
- *mettre en valeur l'expression des conditions initiales,*
- *être rédigé selon la séquence : Verbe - Complément,*
- *donner des verbes d'action à l'infinitif,*
- *poser un repérage précis des lieux, appareillages,...*
- *indiquer les effets prévisibles.*

Le libellé des opérations doit naturellement être clair, ordonné et objectif. Il s'agit de décrire des actions et leurs conséquences, non de rédiger un morceau de littérature. Le style rédactionnel doit être simple, clair et homogène. Il convient d'écarter tout ce qui peut être source d'incompréhension ou de confusion. L'exposé doit être linéaire et à sens unique. Les verbes doivent renvoyer à des actions. Le texte doit donner un repérage clair des matériels utilisés, des documents, des lieux, etc. Il faut utiliser un vocabulaire connu de tous, éviter des termes mal assimilés, les abréviations et surtout les symboles ésotériques. Si le vocabulaire technique a parfois l'avantage de la précision, il est souvent énigmatique pour le sens commun : le terme « enrichisseur manuel » est obscur, alors que celui de « starter » est parfaitement connu. On a donc intérêt à reprendre au maximum les termes usuels, voire les stéréotypes couramment employés par les opérateurs techniques [3].

DES MOTS DANGEREUX

Les mots tels que « acceptable », « suffisant », ou « assez » sont imprécis. Les expressions « faire » ou « mettre » sont remplaçables par des verbes d'action concrets. Il existe des voisinages de vocabulaire qui sont dangereux : entre « normal » et « anormal », il n'y a qu'un petit *a* de différence qui change tout, et qui pourrait être cause de catastrophes. Entre « proscrire » et « prescrire » le sens s'inverse subrepticement. L'expérience montre encore que la lecture des signes < et >, donne souvent lieu à des contresens [4]. Enfin, les termes apparemment savants tels que « rétropolation », « simogramme », pourquoi pas « hypocycloïde » et autres galimatias sont à prohiber : ils ne font qu'obscurcir le sens.

Il faut éviter :

- les notes de bas de page,
- les renvois à distance qui indiquent des clauses conditionnelles,
- les phrases à doubles négations,
- les symboles ésotériques, les lettres grecques, les mots étrangers,…
- généralement, les mots qui peuvent être lus de travers.

La forme graphique

Plus un mode opératoire est complexe, plus il est utile d'introduire des représentations graphiques et des schémas. Dans ce domaine, il ne faut pas craindre d'être redondant. Les illustrations, outre qu'elles sont précieuses pour ceux qui ont une mémoire visuelle, apportent un complément utile par rapport au texte. Un dessin ou une photographie en dit plus qu'un long discours.

---

3. T. Pasdeloup, *Op. cité*.
4. J.L. Nicolet, J. Celier, *Op. cité*.

L'ESPRIT DE DIDEROT ET D'ALEMBERT

Annonçant le *Recueil de planches sur les sciences, les arts libéraux et les arts mécaniques avec leur explication*, destiné à illustrer l'*Encyclopédie*, Diderot écrivait : « Le peu d'habitude qu'on a et d'écrire, et de lire des écrits sur des arts, rend les choses difficiles à expliquer d'une manière intelligible. De là naît le besoin de figures. On pourrait démontrer par mille exemples qu'un diction-naire pur et simple de langue, quelque bien qu'il soit fait, ne peut se passer de figures, sans tomber dans des définitions obscures et vagues ; combien donc à plus forte raison ce secours ne nous était-il pas nécessaire ? Un coup d'œil sur l'objet ou sur sa représentation en dit plus qu'une page de discours. »

La disposition des pages peut encore faire l'objet d'une composition soignée (*cf. Tableau 1* en fin d'ouvrage)[5]. Selon ses besoins, le lecteur choisira ainsi : de vérifier la définition générale de la procédure en regar-dant le cartouche situé en haut de la feuille ; d'aider sa mémoire par un coup d'oeil sur les icônes et sur les titres en gras ; de rechercher une pré-cision sur la manière d'opérer dans le texte situé sous le titre ; de s'assu-rer d'une difficulté particulière en lisant le contenu d'un cadre secondaire situé à gauche ; de contrôler un rappel d'ordre général situé au bas de la page, etc.

LA MISSION SPATIALE ANTARES[6]

L'un des points soulevés lors de son retour par J.-L. Chrétien, premier cos-monaute français, portait sur la difficulté d'emploi des procédures. Pour cer-taines expériences scientifiques du vol Antarès, la société Christol Consultants (Toulouse) a travaillé l'ergonomie des procédures *(cf. Tableau 1)*. Celles-ci étaient notamment totalement bilingues. Les enregistrements vidéo effectués durant le vol, ont permis de contrôler qu'elles étaient bien utilisées. Les prin-cipes ainsi étudiés sont actuellement repris dans un projet commun avec la Nasa. Selon les auteurs, plus que leur qualité graphique, leur véritable origi-nalité tient à la méthode de mise au point simultanée des matériels et des procédures.

Les représentations schématiques (diagrammes de flux, logigrammes, etc.) font appel à différents systèmes de symboles, exprimant les étapes usuelles d'une procédure : accomplissement d'une tâche, circulation d'un

5. Les Tableaux ainsi référencés figurent dans la seconde partie de cet ouvrage : *cf.* II. Illustrations.
6. T. PASDELOUP, *Op. cité.*

document, condition logique, classement d'un dossier, etc. Bien que les usages en cette matière soient variés, nous donnons ci-après les symboles correspondant aux besoins les plus courants (*cf. figure 3.2*). Certaines professions utilisent des normes spécifiques (électricité, hydraulique, audit interne, analyse informatique,...). Cependant, dès que les manuels s'adressent à des utilisateurs nombreux, on a intérêt à se limiter à un nombre réduit de signes simples, indépendants des habitudes des spécialistes. Il est préférable de ne pas multiplier le nombre de symboles ou d'icônes. D'une manière générale, il faut se garder de dessiner des schémas complexes qui, malgré leur apparence savante, exigent autant d'effort pour en déchiffrer la forme que pour en comprendre le contenu. Leur message risque de rester définitivement scellé.

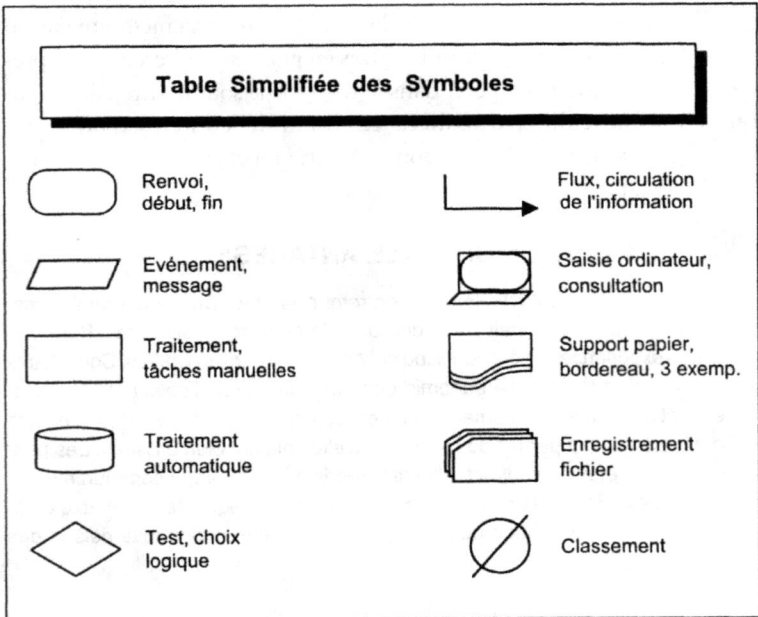

Figure 3.2 Symboles courants

Les bornes de la procédure

Une procédure vise à décrire, pour une situation ou un événement donné, les tâches que les acteurs doivent exécuter, selon quel ordre, de quelle manière, avec quels moyens et enfin pour aboutir à quels résultats.

Elle est bornée en amont par un *événement initial*, et en aval par un ou plusieurs *résultats*. L'*événement initial* est par définition un fait réel, dont la venue a pour effet de déclencher l'exécution d'une ou plusieurs actions. Les (ou le) résultats sont par définition le produit de l'exécution d'une procédure. *Le résultat est un fait réel de même nature que l'événement*, à la différence près qu'il termine une procédure au lieu de la déclencher. Il peut être d'ailleurs le déclencheur d'une autre procédure.

L'ÉVÉNEMENT DÉCLENCHANT

L'événement correspond à un fait concret. Il peut survenir de façon aléatoire. Par exemple, il peut découler de l'intervention d'une tierce personne comme dans la commande d'un client, la demande d'un autre service, l'arrivée d'un nouvel agent, etc. Il peut aussi être déclenché par le processus de production lui-même en raison d'un incident, d'une panne, d'un dépassement de température, de l'atteinte d'un objectif initialement fixé, d'un signal émis par le marché, etc. L'événement peut encore résulter d'un déclenchement périodique par le calendrier, comme pour l'arrêt des comptes, la révision d'une machine, une promotion commerciale liée à une période de l'année (rentrée scolaire, fête,...). Dans certains cas, l'événement est défini par la conjonction de plusieurs éléments.

Le cadre d'une *procédure* :

> **Si événement ...**   Quoi
>
> Qui et où
>
> Quel enchaînement
>
> Comment
>
>   ...*Quel(s) résultat(s)*

LE(S) RÉSULTAT(S)

Les (ou le) résultats recherchés peuvent être facultatifs ou obligatoires, exclusifs ou généraux. Dans certains cas, ils sont relativement précis : stopper la production, faire revenir la machine à un niveau donné de pression et de température, lancer la commande, émettre une lettre type, transmettre le dossier à un service donné, etc. Dans d'autres cas, le résultat est défini de façon plus générique : lancer une étude, fabriquer un ensemble de pièces, dresser une liste, calculer un montant, etc.

L'activité incessante d'une entreprise est toujours difficile à découper en tranches de procédures. On retiendra cependant qu'un *processus* consiste en la réalisation d'un ensemble complexe d'actions, nécessitant le concours d'un grand nombre d'acteurs, répartis entre plusieurs lieux, en vue d'une finalité globale. A l'intérieur des processus, les *procédures* visent plutôt à l'obtention d'un seul type de résultat, en mobilisant un nombre limité d'acteurs, situés au sein d'une unité de lieu significative, selon une séquence de temps quasiment continue. Quant à la *tâche*, c'est une opération réalisée par un même acteur sans transmission de support (papier, disquette, ou circuit informatique). Selon la taille de l'entreprise ou la complexité des tâches en cause, le lieu sera une agence, un service, un département ou une direction.

Le découpage des processus en procédures comporte toujours une part de choix qui fait appel à l'intuition et à l'expérience des acteurs (*cf.* chapitre 4.2 : Le découpage des processus). Le niveau de détail auquel il convient de descendre relève surtout de l'appréciation des rédacteurs. D'un côté, il s'agit de proportionner le volume de lecture aux capacités d'assimilation des utilisateurs. De l'autre, le texte doit offrir le maximum d'informations utiles. La question du niveau de détail à adopter est l'une des premières qui se pose à l'esprit des futurs rédacteurs. Plus le texte est détaillé, plus sa lecture risque d'être fastidieuse et compliquée ; l'essentiel risque d'être caché. A l'inverse, plus le texte est résumé, plus son sens risque de demeurer ambigu pour le lecteur. La principale réponse à la question du niveau de détail rédactionnel réside dans le fait d'associer directement les utilisateurs aux travaux de rédaction. Ce sont eux les mieux placés pour trouver, presque d'instinct, le niveau de détail pertinent. Au-delà de ce principe, chacun devra inévitablement s'interroger, pendant la mise par écrit, sur le degré de précision à adopter et sur les informations à retenir. Tout travail d'écriture comporte un effort de clarification et des choix.

3.3 LES SUPPORTS DE REPRÉSENTATION

Le diagramme de flux

Couramment appelé « flow-chart », le *diagramme de flux* fournit une vue globale de l'enchaînement d'une procédure (*cf. Tableau 2*). Ce type de diagramme présente une vue générale des principales phases du déroulement de la procédure. D'un seul coup d'œil, on y trouve les acteurs concernés, le point de départ (l'événement déclenchant), les principales étapes, les documents circulant et le résultat recherché. Il donne la structure de base et fournit une réponse rapide aux principales questions : face à telle situation, qui fait quoi, où, et à quelle fin ?

EXEMPLE DE FLOW-CHART (TABLEAU 2)

Le diagramme de flux donné en illustration comprend un cartouche d'en-tête et le diagramme proprement dit.

Le *cartouche* permet de préciser les éléments généraux et les données de classement :

– Nom ou logo de l'entreprise (nous utilisons ici le signe ⌂),
– Direction et Service principalement concernés,
– Code de classement de la procédure,
– Pagination,
– Périodicité d'application,
– Titre de la procédure,
– Nom du rédacteur et dernière date de mise à jour.

La *grille de diagramme* dessine le circuit de déroulement. La première colonne est destinée aux indications de temps. La deuxième colonne est destinée à faire figurer le point d'entrée et de sortie, ainsi que les visas hiérarchiques. Chacune des colonnes suivantes correspond à l'un des acteurs de la procédure.

Le diagramme a l'avantage d'indiquer rapidement les éléments clés, les flux entrants et sortants, ainsi que les phases principales. Il facilite la compréhension des cheminements logiques. La complexité éventuelle des opérations y est simplifiée, ce qui favorise la lecture et la mémorisation visuelle. A *contrario*, il ne fournit pas les détails d'exécution.

La fiche de tâches

La *fiche de tâches* est au centre du manuel : elle contient la description narrative, relativement complète des circuits et des opérations à réaliser *(cf. Tableau 3)*. Celles-ci sont présentées dans leur succession chronologique. La fiche donne une réponse explicite aux questions : qui fait quoi et comment ? Le texte doit être compréhensible par une personne qui n'a pas connaissance de la procédure. Il doit surtout être rédigé en fonction de ceux qui sont chargés d'exécuter le travail.

Les fiches de tâches doivent permettre de trouver au premier coup d'oeil les acteurs concernés (opérateurs, services ou directions concernés). Le nom des intervenants doit être immédiatement visible. Quelles que soient les variantes de présentation envisageables, il est souhaitable de réserver une colonne spéciale pour la mention des acteurs concernés par la procédure.

La fiche permet également de comprendre l'enchaînement des travaux entre les différents intervenants, en spécifiant ce qu'ils reçoivent et ce qu'ils transmettent. On peut notamment mettre en évidence les points de contrôles prévus au cours de la procédure.

EXEMPLE DE FICHE DE TÂCHES (TABLEAU 3)

La fiche donnée en illustration comporte un cartouche d'en-tête et la notice descriptive proprement dite. Le cartouche d'en-tête reproduit identiquement celui du diagramme de flux. Les éléments essentiels concernent ici le *service concerné*, le *titre de la procédure*, son *numéro identifiant*, et le nom du rédacteur ou de la *personne principalement intéressée* au déroulement de la procédure.
La fiche de tâches fait apparaître distinctement dans une première colonne, les *intervenants*. Dans une deuxième colonne, elle décrit en termes concrets chacune des *tâches* affectées aux intervenants. Enfin une troisième colonne de *références* permet d'indiquer le numéro des bordereaux et documents supports, des indications éventuelles de temps, ainsi que des renvois à d'autres procédures, aux règles techniques, aux gammes ou aux diagrammes donnés en annexe de la fiche.

Certains éléments plus techniques, moins liés au fonctionnement de l'organisation ou impliquant une certaine complexité, voire des aspects plus théoriques sont éventuellement explicités à part. Cela peut être le cas de certaines règles techniques qui ont un caractère permanent, indépendant de l'organisation. Selon les cas, on classe donc en fin de document des fiches présentant spécifiquement des règles de gestion, des descriptifs techniques, des diagrammes logiques, des gammes (*cf.* ci-après) ainsi éventuellement que des exemples de documents, d'écrans informatiques ou de supports utilisés par les exécutants.

Les supports dérivés

Au-delà de la nécessaire normalisation des supports, les procédures forment un ensemble qui doit, avant tout, être adapté aux contraintes spécifiques de l'entreprise et aux besoins des utilisateurs. Les modes de présentation peuvent être relativement diversifiés.

Le choix des modèles de supports doit être fait en liaison avec les utilisateurs. On peut s'inspirer de la variété des modèles existants. Il est aussi possible de concevoir des manuels à plusieurs étages. Par exemple, on peut confectionner des aide-mémoire sous forme de tableaux simplifiés, complétés par ailleurs de documents détaillés destinés à la formation des nouveaux opérateurs.

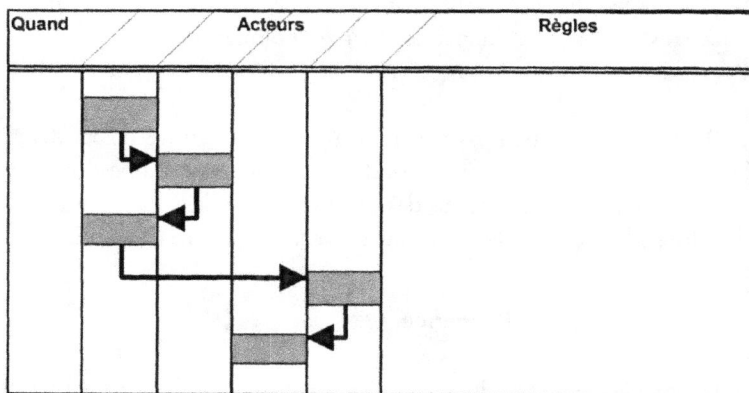

Figure 3.3 Diagramme de circuit simplifié

Lorsque les procédures sont bien connues des utilisateurs, l'objectif consiste à rappeler les règles essentielles. Il suffit alors de fiches simplifiées. On dispose de plusieurs options. On peut se contenter d'un diagramme de flux simplifié (*cf. figure 3.3 : diagramme de circuit*). Au contraire, il est possible de détailler le diagramme de flux et d'alléger simultanément la fiche de tâches, qui est alors réduite à un commentaire court en vis-à-vis (*cf. Tableaux 4 a et b*). Alors que dans le modèle initial, le diagramme de flux donne une synthèse rapide (une page), détaillée ensuite par la fiche de tâches (six pages), dans le présent cas, on a une correspondance étroite entre le diagramme et la fiche. Enfin, lorsque le diagramme ne paraît pas nécessaire, on peut concevoir divers modèles de *fiches de tâches synthétiques* (*cf. Tableau 5*). Inversement, pour certains publics, on peut se contenter d'un diagramme de flux détaillé (non complété par une fiche de tâches).

Il existe encore d'autres solutions, adaptées aux usages techniques. Pour des traitements complexes, le diagramme peut avoir principalement pour objet de clarifier l'arbre des causalités logiques, alors que le nom des opérateurs et la chronologie des opérations ne présentent qu'un intérêt secondaire. On se sert alors d'un *ordinogramme* (*cf. Tableau 7*). Une fiche de tâches peut aussi comporter un croquis ou des dessins explicatifs (*cf. Tableau 8*). Lorsque l'on souhaite faire suivre la procédure d'un contrôle de bonne exécution, la fiche de consigne peut être accompagnée d'une *fiche-navette*, à remplir au fur et à mesure du déroulement des séquences : report des paramètres observés, pointage des opérations réalisées, etc., (*cf. Tableau 9 : carte de contrôle, et Tableau 10 : fiche suiveuse*).

Il est évidemment possible d'imaginer une infinité de modèles. Certaines présentations correspondent cependant à des besoins spéciaux. C'est notamment le cas des tableaux classiques que nous allons examiner maintenant : la *procédure d'urgence*, la *gamme* et les *plannings*.

La procédure d'urgence

La *procédure d'urgence* intervient lorsqu'un système dérive aux limites du fonctionnement autorisé. Elle sert à canaliser impérativement et rapidement l'opérateur. Son rôle est de l'aider à ramener l'installation vers une situation de sûreté, en prenant le moins de risques possibles.

Les procédures d'urgence sont mises en œuvre dans des situations accidentelles au cours desquelles les acteurs sont particulièrement perturbés, et pour lesquelles leurs références sont rares. Déstabilisés par la surprise d'une situation inédite, souvent en état de fatigue, ils sont soumis au stress d'un danger potentiel. Il peut en résulter des troubles psychiques qui entraînent eux-mêmes un risque d'erreurs en cascade [7].

Les procédures d'urgence doivent avant tout présenter une grande fiabilité. Leur préparation doit être faite avec soin. Lors de l'analyse détaillée, effectuée dans le calme d'un bureau d'études, on doit chercher à supputer tous les effets possibles d'une instruction ou d'une décision, qui seront ensuite appliquées en situation réelle. La procédure d'urgence contribue à la sécurisation de l'opérateur. Elle doit fournir des éléments d'aide au diagnostic et à la décision, ainsi que des points de contrôle indispensables sur le déroulement des opérations. Elle peut notamment mettre en évidence l'arbre des causes ainsi que les conditions préalables à toute action (*cf. Tableau 11*).

> ✍ **Un instrument de contrôle**
>
> *La procédure d'urgence aide l'opérateur à maîtriser une situation difficile. Elle doit montrer clairement :*
>
> - **les conditions** d'enclenchement de chaque opération,
> - **la réponse normale** du process aux actions de l'opérateur,
> - **les délais** d'apparition des réactions attendues et la chronologie,
> - **les symptômes de dérives** éventuelles et les réactions adaptées.

Dans ce cas particulier, il est important de tester la compréhension des documents auprès des utilisateurs. L'illustration donnée en annexe résulte d'une étude menée auprès des opérateurs de centrales nucléaires (*cf.* chapitre 5.1 : Le test des consommateurs).

---

7. J.L. NICOLET, J. CELIER, *Op. cité.*

Rédiger les procédures de l'entreprise

La gamme

La gamme, ou « route sheet », est une procédure qui spécifie avec précision les opérations d'usinage, de traitement et de contrôle qualité nécessaires à la fabrication d'une pièce en atelier.

Généralement, les projets de gamme sont préparés au niveau des bureaux des méthodes. Ils sont ensuite testés en atelier pour ajustement et mise au point (phase dite d'installation des pièces sur machine). La réalisation d'une pièce peut être décomposée en plusieurs gammes. Parfois, on classe les pièces par familles, en fonction de leurs similitudes (pièces usinées de révolution, produits plats, matière commune, etc.) afin d'en faciliter l'étude et la production. Cette méthode, nommée *technologie de groupe* ou encore *groupement analogique*, permet de mettre au point des gammes communes entre plusieurs pièces. Il en résulte divers avantages : économies d'outillages, allongement des séries, gestion et ordonnancement simplifiés, contrôle qualité plus efficace.

⊞	Article : Axe					N° 45.768.04		Mise à jour : 15.06.94
(col. 1) N° Opér.	(col. 2) Section	(col. 3) Temps prépa. (heures)	(col. 4) Temps exéc. (heures)	(col. 5) Nbre. person.	(col. 6) Délai transit (jours)	(col. 7) Plans	(col. 8) Désignation
101	Débit	0,6	0,02	1	1,5	AY.010	Coupe longeur
102	Usinage	1,5	0,06	2	2,0	AY.011	Tournage
103	Usinage	0,7	0,02	1	1,0	AY.01	Fraisage
104	Finition	0,4	0,01	2	3,0	AY.02	Rectification

Figure 3.4 Gamme de fabrication d'un axe

LA GAMME OPÉRATOIRE (FIGURE 3.4)

La gamme définit les standards de production. Elle donne les informations quantitatives pour la production d'une pièce :

– pour chaque opération numérotée (colonne 1),
– l'atelier au sein duquel l'opération est réalisée (col.2),
– le temps de préparation machine en début de série (col.3),
– le temps standard de production, couramment appelé "temps gamme" (col.4),
– le nombre d'agents employés simultanément (col.5),

– le délai de transfert à prévoir entre deux opérations (col.6),
– les plans de référence (col.7).

La gamme ne comporte généralement pas de données concernant les composants et matériaux utilisés (ceux-ci figurent de préférence dans les nomenclatures). Implicitement au moins, la gamme détermine le type du porte-outil utilisé sur la machine, les outils coupants employés, etc.

Les processus de contrôle qualité peuvent eux-mêmes faire l'objet d'une gamme de contrôle distincte. Une gamme principale a parfois une gamme de remplacement, valable en cas d'indisponibilité d'une ressource ou d'un outil. Les entreprises soumises à des normes de qualité (exemple de l'aéronautique) doivent faire certifier leurs gammes par le service d'assurance-qualité de leur client. Tout changement est soumis à l'approbation de ce dernier.

Les gammes sont également utiles pour la gestion des ateliers (évaluation du plan de charge, répartition des opérations par rapport à la capacité des sites) et pour le calcul des prix de revient. La Gestion de la Production assistée par Ordinateur (GPAO) s'appuie sur les bases de données associées (fichier des articles, fichier des postes de charge, fichier des nomenclatures, fichier des gammes). L'existence d'un fichier de gammes facilite l'automatisation du calcul des prix de vente.

Les plannings

Les outils de planification servent à ordonner les séquences d'opération afin d'optimiser l'affectation des moyens. Ils se présentent sous des formes variées.

La méthode de planification classique par histogrammes (planning dit de Gantt), visualise simplement le jalonnement des opérations et la répartition des ressources (*cf. figure* 3.5). Chaque étape est représentée par un segment horizontal proportionnel à sa durée de réalisation. Cette méthode a l'avantage de la simplicité en construction et en lecture. Elle permet aussi de montrer la simultanéité entre plusieurs facteurs (déroulement des opérations, plan de charge, débours de trésorerie, etc.). Tant que l'ordonnancement des tâches reste relativement simple, il est préférable de s'en tenir à ce graphisme.

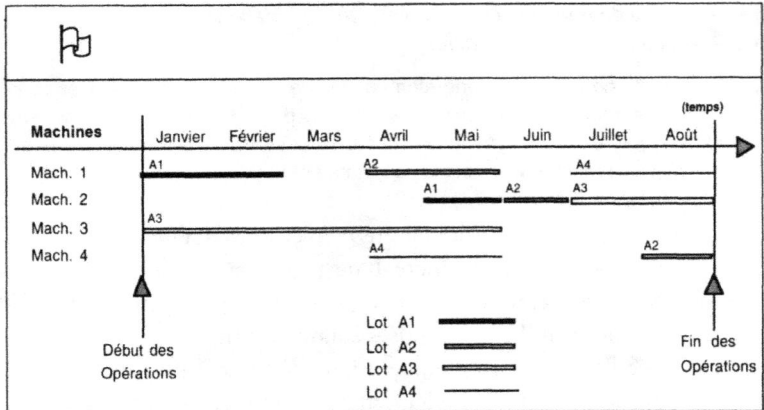

Figure 3.5   Planning de Gantt

Lorsque l'enchaînement se complexifie – simultanéité de nombreuses tâches interdépendantes –, il est utile de recourir à une technique de planification en réseau temporel. La plus classique est la méthode Pert : Program Evaluation and Review Technique *(cf. Tableau 12)*. Cette technique fait apparaître les relations entre les étapes. Elle met en lumière le *chemin critique* qui correspond à la succession des tâches conditionnées par la réalisation de l'étape précédente. La somme des *tâches critiques* détermine la durée de réalisation d'un processus ou d'un projet. La méthode Pert a été utilisée pour la première fois aux États-Unis où elle a permis une réduction sensible des délais initialement prévus dans un projet (missiles Polaris, 1958).

La construction d'un Pert, de même que la description d'une procédure, suit les étapes suivantes : inventaire des tâches et des liens d'antériorité, prévision des durées de réalisation, repérage des enchaînements, estimation des délais, recherche du chemin critique, ajustement et suivi en continu.

Pour chaque tâche, on peut calculer une date au plus tôt en partant du point initial, en additionnant les délais. Lorsque plusieurs circuits arrivent au même nœud, il faut retenir l'échéance la plus tardive. Pour la date au plus tard, on effectue au contraire un calcul à rebours en partant de l'objectif final, et en prenant l'échéance la plus courte lorsque plusieurs chemins partent du même point. L'écart entre les dates au plus tôt et au plus tard constitue la *marge*. Si cette marge est nulle, la tâche concernée se trouve sur le *chemin critique* du projet. Naturellement, la somme des incertitudes qui pèsent sur les délais peut entraîner des différences entre la prévision et la réalité. Il peut donc être intéressant de procéder à des simulations sur ordinateur.

L'ensemble des documents précédemment examinés se complète et se recouvre parfois. Les principes d'analyse qui s'appliquent à chacun d'entre eux se recoupent aussi nécessairement (*cf. figure* 3.6 : *tableau récapitulatif*). Il revient à chaque entreprise de se constituer un ensemble de supports qui lui soient adaptés, pouvant former un tout essentiellement cohérent.

✍ **Des supports diversifiés**

- Procédure de vol   (Tableau 1)
- Diagramme de flux   (Tableau 2)
- Fiche de tâches   (Tableau 3)
- Diagramme de circuit simplifié   (Figure 3.3)
- Diagramme de flux commenté   (Tableaux 4 a et b)
- Fiche de tâches synthétique   (Tableau 5)
- Diagramme de circuit détaillé   (Tableau 6)
- Ordinogramme   (Tableau 7)
- Fiche d'opération technique   (Tableau 8)
- Carte de contrôle   (Tableau 9)
- Fiche suiveuse   (Tableau 10)
- Procédure d'urgence   (Tableau 11)
- Gamme de fabrication   (figure 3.4)
- Planning de Gantt   (figure 3.5)
- Planning Pert   (Tableau 12)

Figure 3.6   Table récapitulative des illustrations

4. LA RÉDACTION

4.1 LE PROCESSUS DE RÉDACTION

Lors de la création d'un nouveau manuel, on a intérêt à en organiser la réalisation sous forme d'un projet, ne serait-ce que pour mieux en garantir la cohérence finale. Cependant, avant d'aborder en détail les éléments d'une telle organisation, il nous faut examiner les modalités du travail de rédaction proprement dit. Une description préalable des tâches de rédaction nous donnera en effet une vue concrète du processus à gérer.

Nous allons donc aborder maintenant les étapes dans lesquelles les rédacteurs sont directement impliqués. Nous en distinguerons six, réparties en deux sous-groupes : la phase préparatoire, et l'enquête elle-même qui est à répéter pour chaque procédure. Les étapes de ce processus sont explicitées ci-après.

---

*Le processus de rédaction en **6 étapes** :*

La phase de préparation

- 1   *Dresser la liste initiale,*
- 2   *Définir un code de classement,*
- 3   *Préparer des dossiers par procédure.*

L'enquête, par procédure

- 4   *Etablir une description globale,*
- 5   *Réaliser les interviews et la rédaction,*
- 6   *Contrôler la validité des écrits.*

La phase de préparation

La liste des procédures

La première chose à faire consiste logiquement à établir une liste de procédures : *l'inventaire* [1]. Celui-ci peut être dressé dans le cadre de l'équipe chargée du projet (*cf.* chapitre 5.1 : La cellule projet). Cette liste initiale est nécessairement provisoire et approximative. Elle évoluera à plusieurs reprises au fil des travaux. Cependant, pour démarrer, il faut disposer d'un point de départ. C'est à ce niveau qu'apparaissent les premières difficultés du *découpage des processus* et donc de l'individualisation des procédures. Cette première liste est répartie entre les rédacteurs, pour rédaction selon un ordre de priorités.

Le code de classement

La première liste ainsi constituée permet d'effectuer un classement des futures procédures en sous-ensembles, par familles, par directions ou services, par types d'activités, etc. Ce regroupement est notamment utile pour choisir un système de classement, la **codification**, qui servira à la numérotation des fiches dans les manuels.

Les dossiers par procédure

Chaque rédacteur doit ensuite préparer son travail de rédaction. Pour chaque procédure dont il a la charge, il établit un dossier de travail : la **chemise procédure**. Pour chacun de ces dossiers (*i.e.* pour chaque procédure), il peut déjà dresser une liste de personnes à interviewer.

L'enquête par procédure

La description globale

Pour chaque procédure qui est de son ressort, le rédacteur prend rendez-vous avec un interlocuteur principal, susceptible de lui fournir une vue d'ensemble. Il s'agit en général d'un responsable d'unité ou d'un chef

---

1. Les termes indiqués en italique gras dans le texte correspondent à des opérations qui sont détaillées ci-après (*cf.* 4.2 Les travaux préparatoires et 4.3 L'enquête).

d'équipe qui possède une vision complète de la procédure. Cette analyse préalable peut également être réalisée en travail de groupe. Cet **entretien préalable** permet en particulier de contrôler l'identification de la procédure concernée (objectifs, spécificité,...). Il peut d'ailleurs en résulter une première modification de sa dénomination et de la liste initiale.

Les interviews et la rédaction

On aborde alors le travail de formalisation des procédures. Chaque rédacteur va procéder, dossier par dossier, aux **interviews** nécessaires pour acquérir une connaissance précise de chacune des procédures. Au cours de cette étape, il collecte également les documents écrits et les supports techniques nécessaires à la rédaction finale. Ces entretiens sont suivis des travaux d'**analyse** et de **rédaction**. Cette phase s'achève lorsque chaque dossier de procédure est considéré comme complet.

La validité des documents

La validation s'effectue en fait en plusieurs étapes. A un premier stade, les documents rédigés font l'objet d'une **validation**, effectuée en commun entre rédacteur et utilisateurs, notamment avec les personnes interviewées. Dans un second stade, l'équipe projet procède à une validation d'ensemble afin de s'assurer de la cohérence globale du système de procédures. Cette étape prend fin avec la diffusion des manuels dans l'entreprise.

✍️ **Pour lancer le travail d'écriture**
  demander à chaque membre du groupe de dresser la liste :

- **des cinq procédures** *les plus fréquentes,*
- **des cinq opérations** *les plus sensibles,*
- **des cinq défauts** *les plus fréquents.*

4.2 LES TRAVAUX PRÉPARATOIRES

L'inventaire

En première étape, il faut donc commencer par établir une liste initiale de procédures, en se faisant notamment aider par chaque département. Cette première liste est provisoire. On constate toujours qu'elle tend à s'allonger sensiblement au fur et à mesure du travail de rédaction. Certains services, comprenant progressivement l'objectif recherché et l'apport possible des manuels, découvrent alors des pans entiers d'activités qui avaient été oubliés. Au cours de l'analyse, certains rédacteurs sont également conduits à scinder certaines procédures en plusieurs cas indépendants. Inversement, des procédures qui avaient été distinguées au départ, sont parfois fondues en cours de route sous un seul intitulé.

Pour mener à bien ce premier inventaire, il faut partir d'un tour d'horizon assez large. Sans se focaliser sur l'idée d'un « bon » découpage ou d'un « bon » ordre, il faut faire le tour des missions, des événements et des objectifs qui se présentent à l'intérieur de chaque unité. Après cette revue d'ensemble, il faut effectuer un tri entre les « procédures » ainsi trouvées. On peut alors hiérarchiser cette liste selon un ordre décroissant : missions, processus, procédures, tâches ou opérations. Cette hiérarchisation s'accompagne simultanément d'un classement en sous-ensembles : les opérations faisant partie d'une même procédure, les procédures incluses dans un même processus, etc. Puis, dans la mesure du possible, on procède à une première attribution des procédures répertoriées, selon qu'elles concernent toute une direction, un service ou encore certains postes de travail.

> *Inventorier*, *c'est à plusieurs niveaux dans l'entreprise :*
> - ***faire le tour*** *d'horizon des missions et des objectifs,*
> - ***hiérarchiser*** *missions, processus, procédures, tâches, gestes, etc.*
> - ***classer*** *en ensembles et sous-ensembles,*
> - ***nommer*** *les acteurs concernés : directions, services, postes, etc.*

Une fois la liste des procédures établies, il est possible de les classer selon la priorité que l'on accorde à leur rédaction. Il s'agit d'un classement provisoire destiné à favoriser la répartition des tâches entre les rédacteurs.

Le découpage des processus

C'est à ce niveau qu'apparaît concrètement la difficulté de procéder à un découpage satisfaisant entre processus et procédures. Nous l'avons vu, la séparation des procédures entre elles et leur articulation, soulè-vent toujours des questions pratiques. Ce découpage ne découle pas d'une pure logique mathématique : il comporte une part de choix et d'intuition. Il n'existe pas de critère définitif. Il est cependant recom-mandé de ne pas s'attarder, à ce niveau, sur d'éventuelles hésitations et d'accepter d'avancer par tâtonnements successifs. Les choix erronés se corrigeront ensuite d'eux-mêmes. Au cours de la rédaction, au vu de la complexité de l'enchaînement mis en lumière, certaines procédures seront recoupées. Rappelons cependant que chaque procédure est au moins identifiée par un événement déclenchant et par un résultat.

LES RÈGLES DU THÉÂTRE CLASSIQUE

De façon schématique, et pour emprunter une image au théâtre classique, la procédure se caractérise par l'unité d'action (un résultat élémentaire), l'unité de temps (les actions s'enchaînent de façon linéaire et continue) et l'unité de lieu (les acteurs sont rassemblés dans une même unité organisa-tionnelle).

Il s'agit d'isoler des unités d'actions homogènes quant à leur résultat et pouvant être décrites du début à la fin dans un énoncé relativement linéaire (*i.e.* qui se déroule logiquement sans scission en de multiples alternatives). Un processus correspond quant à lui à un résultat global, obtenu par divers acteurs, réalisant un ensemble complexe d'actions. Au cours de l'étude d'une procédure ou de sa formalisation, le rédacteur peut être amené à découvrir une série de cas différents qui n'ont pas été inventoriés au départ, et qui constituent autant de procédures distinctes.

LA PROCÉDURE GIGOGNE

Lorsqu'un agent est interrogé sur une procédure (par exemple, la facturation), il commence par répondre : « C'est simple ! Lorsque je reçois tel document, je prends tel bordereau, je le remplis,... » Mais, après quelques instants d'hési-tation, il se reprend et il ajoute : « En fait, cela dépend aussi des cas. Il peut s'agir d'un client normal pour lequel je vais suivre la procédure de base. Mais il peut s'agir d'un abonné sous contrat ; dans ce cas, je dois prendre un bor-dereau spécial. Ah ! Et puis j'allais oublier ! Il faut distinguer les commandes en vitesse normale et celles qui sont en "Urgent". Si c'est en "Urgent", je dois joindre une fiche spéciale, etc. » Tant et si bien que, quelques heures plus tard, l'interview n'est toujours pas terminée. L'interviewé est en train d'expli-quer la dixième procédure envisageable.

La finesse du découpage est commandée simultanément par la spécificité des événements déclenchants, par le souci de faciliter la recherche des utilisateurs, et par la nécessité d'aboutir à des procédures suffisamment brèves et homogènes. Un découpage trop fin entraîne l'existence d'un grand nombre de renvois entre fiches. Les utilisateurs sont alors entraînés dans la manipulation simultanée de nombreux documents reliés entre eux. Inversement, un découpage trop large donne des fiches de procédures complexes et longues à lire. Chaque fiche devant inclure de nombreux cas particuliers, l'opérateur a du mal à avoir une vision claire et synthétique de son action. Ces deux situations extrêmes impliquent des risques d'erreurs qui portent atteinte à la fiabilité du système. Il faut se rappeler que l'on doit procéder ici par tâtonnements et par expérience (selon une démarche de type essais-erreurs).

La codification

La codification des fiches de procédures consiste à définir un numéro de classement qui facilite ensuite le stockage et la recherche des fiches de procédures. D'une manière générale, il s'agit de croiser des codes thématiques et numériques.

La codification par thèmes dépend du mode de classement retenu pour les procédures (par direction ou service, par fonction, par nature, etc.). Les possibilités sont évidemment nombreuses (*cf.* chapitre 3.1 : Divers sous-ensembles). Le plus souvent, le code numérique correspond simplement à l'ordre d'apparition chronologique de la procédure. La seule précaution particulière consiste alors à réserver une numération suffisante par rapport au nombre potentiel de fiches. Il est nécessaire d'évaluer le nombre de procédures à traiter dans chacun des sous-groupes thématiques et de prendre la borne supérieure.

L'algorithme de numérotation doit être expliqué dans l'introduction générale du manuel. Il faut cependant se méfier de ce que, plus un code est long, plus il est difficile à mémoriser lors d'une recherche de document.

> ✍🏻 **Le code de classement** *est une combinaison alphanumérique, les possibilités de codification sont infinies.*
>
> *Le code résulte pratiquement de la superposition :*
> * *d'une classification par thème (alphabétique),*
> * *d'un classement séquentiel (numérique).*

La codification est complétée par une pagination. La codification vise précisément à se substituer au principe d'une pagination classique et globale qui n'est pas compatible avec les contraintes d'évolution des manuels, impliquant constamment des mises à jour partielles. Il est donc préférable de paginer individuellement chaque fiche de procédure, de manière indépendante. La pagination des fiches peut comporter une totalisation de contrôle.

🐪 LE CODAGE

Un codage thématique fait intervenir divers modes de classements :

– En suivant les divisions de l'organisation : directions, services, sections,... soit de manière simple (EX : direction de l'exploitation, FIN : Direction administrative et financière,...), soit de manière complexe (EX / FLU : direction de l'exploitation, service des fluides,...). Le code CO peut désigner les procédures applicables à tous les départements.

– Selon les fonctions concernées (achats ACH, assurance ASS, clients CLI, études ETU, entretien ENT, fournisseurs FOU, informatique INF, investissement INV, personnel PER, production PRO, sécurité SER, stocks STO, trésorerie TRE,...) chacune de ces fonctions pouvant se retrouver dans divers départements.

– D'après la nature de la procédure (E : exploitation, P : périodique, X : Exceptionnelle, U : Urgence,...).

Il est possible de créer par combinaison tous les algorithmes imaginables, du plus simple au plus compliqué. En croisant les codes précédents, on obtient des expressions diverses : DEX.01, ou EX.FLU 011, ou FININV 001X, etc. Les acronymes, à base de syllabes de 2 ou 3 lettres, comportant une voyelle pour avoir une consonance claire, sont plus faciles à prononcer et donc à mémoriser : EXFLU (pour exploitation des fluides), PALOC (pour location du patrimoine), etc. Quant aux nombres au-delà de 99, ils sont plus difficiles à mémoriser. On peut aussi attribuer une signification simple aux chiffres des dizaines ou des centaines (les unités peuvent correspondre à un ordre chronologique) : 0 pour les opérations de base, 1 pour l'entretien, 3 pour les montages spéciaux, etc. Enfin, la pagination individuelle des fiches, peut comporter une clé de contrôle : p. 2/5 (2ᵉ page d'un total de 5 feuillets).

Un code doit avoir un nombre suffisant de signes pour contenir l'ensemble des fiches potentielles. En base numérique, un code à deux chiffres contient 99 unités, à trois chiffres 999 unités, etc. En base alphabétique, un code à deux lettres va jusqu'à ZZ, soit 676 unités (26 x 26), un code à trois lettres va jusqu'à 17.576 unités, etc.

La chemise procédure

Une fois l'inventaire initial dressé et la règle de codification définie, il est possible de répartir les procédures à formaliser entre les différents rédacteurs.

Chaque rédacteur doit préparer un dossier par procédure (*cf. Tableau 13*). En pratique, il s'agit d'un classeur ou d'une chemise dans lesquels toutes les pièces d'enquête seront rassemblées. On portera sur les pages de couverture des informations de synthèse permettant d'identifier la procédure, de suivre le déroulement de l'enquête et de contrôler son avancement.

✍🏻 **La chemise procédure** *comporte (1ʳᵉ et 4ᵉ de couverture) :*

- *l'identification de la procédure : nom, numéro, fréquence, événement déclenchant, résultat, services concernés,...*

- *les éléments d'enquête : nom du rédacteur, dates et état d'avancement (interviews, rédaction, validation, observations),*

- *la liste des pièces du dossier : documents rédigés, diagrammes, imprimés collectés, états informatiques, références techniques, etc.*

L'existence de cette chemise peut être signalée à l'ensemble des opérateurs, afin qu'ils puissent éventuellement la considérer comme une « boîte à idées ». Ils ont ainsi la possibilité pour chaque procédure, de signaler leurs demandes ou leurs propositions concernant sa bonne application.

Une fois la chemise préparée, le rédacteur prend ses premiers rendez-vous. Les noms, téléphones et dates de rendez-vous constituent la première pièce versée au dossier d'enquête.

4.3 L'ENQUÊTE

L'entretien préalable

Au cours de cette étape, il s'agit de contrôler l'existence d'une procédure donnée et les éléments d'identification, de rechercher l'ensemble des acteurs concernés, qu'il faudra éventuellement interviewer, et de découvrir les grandes lignes de son déroulement. La vue d'ensemble s'obtient au cours d'un premier entretien avec un responsable de service, parmi ceux qui sont principalement concernés par la procédure. Elle peut aussi être faite en travail de groupe.

L'identification de la procédure découle essentiellement de la définition de ses deux bornes. Cela suppose donc la détermination simultanée du point de départ (l'événement déclenchant) et du point d'arrivée (le résultat). Il convient d'en préciser également les principaux exécutants et le lieu d'application. Ces éléments sont reportés sur la couverture de la chemise procédure.

On aborde ici la description du circuit accompli au cours de la procédure et ses différentes phases. S'agissant d'une prise de connaissance préalable, l'interview est conduite de manière relativement non directive (*cf.* ci-après). Cette séance est suivie d'une mise au propre des éléments recueillis, afin de préparer la suite de l'enquête. Après ce premier entretien, le rédacteur dresse le diagramme de flux de la procédure, en s'aidant par exemple d'un diagramme simplifié (*cf. chapitre 3.3, figure 3.3*). Des modifications et corrections pourront intervenir ensuite. A ce stade, le rédacteur est supposé avoir une vue complète sur les différentes tâches et sur les enchaînements qui composent la procédure.

Ces éléments permettent enfin d'établir la liste des personnes à interviewer pour obtenir une description exhaustive de la procédure, ainsi qu'une première liste des documents à recueillir au cours de l'enquête.

> ✍ **L'entretien préalable** *permet de :*
>
> - *Contrôler les identifiants (bornes, acteurs, lieu),*
> - *Dessiner un premier diagramme,*
> - *Etablir la liste des personnes à interviewer.*

L'interview

Le rédacteur procède alors à l'interview des opérateurs concernés par l'application pratique de la procédure. Il s'agit de reconstituer l'ensemble des tâches et des opérations qui la composent. Les informations recueillies doivent être assez précises pour être retranscrites de manière non ambiguë.

On choisira de rencontrer un nombre limité mais suffisamment représentatif d'opérateurs. Tout en veillant à ne pas perturber le service, on cherchera à obtenir des entretiens individuels. Un interlocuteur s'exprime souvent plus librement en tête à tête. Toutefois, une interview collective peut présenter divers avantages. Elle permet aux uns de corriger ou de compléter les assertions des autres, ou encore de faire apparaître des cas singuliers. Parfois, elle est l'occasion de clarifier des points litigieux.

Lors de la prise de rendez-vous par téléphone, il est souhaitable de préciser l'objet de l'entretien et sa durée. Cette prise de contact sera confirmée si possible, par l'envoi d'une note reprenant les objectifs et le déroulement du projet, et rappelant les informations spécifiques au rendez-vous. L'objectif des entretiens doit être parfaitement connu des personnes interrogées. Elles pourront s'y préparer.

Avant l'entretien, l'enquêteur prépare un plan sommaire avec les principales questions à poser en partant des informations déjà collectées. Chaque entretien se déroule de manière organisée.

L'interviewer commence par rappeler l'objectif de l'entretien et par en expliquer le déroulement. Il doit rappeler qu'il s'agit de décrire l'existant et surtout pas d'imaginer ce qui serait idéal. Il prévient qu'il sera amené à entrer dans le détail pratique des opérations : nombre d'exemplaires, couleur des documents, risques d'erreurs, etc. Il annonce qu'il souhaite avoir une copie des documents utilisés. Il doit enfin rassurer son interlocuteur sur le fait que le projet de fiche lui sera soumis après les interviews, pour qu'il puisse les lire et les corriger.

L'entretien comprend successivement des questions ouvertes, permettant de découvrir le sujet, et des questions fermées pour obtenir certaines précisions. Elles portent simultanément sur les acteurs, sur les supports, sur les faits et sur les délais : « Qui fait quoi, comment et à quels moments ? » L'interviewer reformule régulièrement ce qu'il a entendu afin de vérifier sa bonne compréhension. En fin d'entretien, il s'assure, de façon synthétique, qu'il maîtrise la succession logique des tâches et enfin, qu'il possède un exemplaire de chacun des supports écrits (bordereaux, extraits de fichiers, impressions d'écrans,...).

LES QUESTIONS

Les questions qui suivent ne sauraient être limitatives. Elles dépendent du type de procédure concernée et surtout des éléments déjà connus de l'enquêteur à partir de l'entretien préalable. Elles sont proposées à titre d'illustration :

– Quel est le point de départ de la procédure et quelles sont les variantes ?
– A quel moment de l'année, du mois, de la semaine, de la journée ?
– Quelle en est la fréquence ?
– Quel est le résultat visé ?
– Qui sont les destinataires ?
– Qui sont les principaux acteurs ?
– Où sont-ils placés ?
– Quels sont les matériels ou les matériaux utilisés ?
– En quoi consiste votre travail dans ce cas ?
– Pouvez-vous décrire vos principales tâches au cours de la procédure ?
– Quel est le mode opératoire ?
– De quelle documentation disposez-vous ?
– D'où viennent les informations ?
– Quand sont-elles disponibles ?
– Quels sont les cas les plus fréquents et comment les résoudre ?
– Quels en sont les aspects les plus importants et les plus difficiles ?
– Quels sont les écarts éventuels entre la théorie et la pratique ?
– Quelles sont les quantités traitées ?
– Quels sont les contrôles prévus ?

L'enquêteur veillera à instaurer dès le début de l'entretien, un climat d'écoute par sa façon de se montrer ouvert, intéressé et respectueux. L'important est d'amener son interlocuteur à décrire de manière concrète la façon dont il procède, en restant le plus près possible de la réalité. Les informations obtenues au cours des entretiens précédents peuvent être mentionnées. Si le temps le permet, il ne faut pas craindre une certaine redondance des questions : elle fait souvent ressortir de nouveaux aspects qui ont été malencontreusement occultés.

Il faut s'en tenir aux faits, en se méfiant des discours improvisés par des opérateurs accidentels, ainsi d'ailleurs que des propos de supérieurs hiérarchiques sur ce qui « devrait se faire ». C'est d'abord la réalité qu'il faut observer et décrire.

On peut demander aux acteurs ce qui leur paraît important et ce qui l'est moins. On doit encore s'enquérir des dysfonctionnements usuels et des stratégies de replis envisageables, des pièges cachés (*cf. la détection des pièges* ci-après), chercher à mettre en évidence les boucles de contrôle implicites, se faire indiquer les règles qui ont un caractère légal, se faire préciser les données qui évoluent en cours de procédures et celles qui ne varient pas, etc. On préférera systématiquement les faits aux impressions plus ou moins subjectives. Toutefois, il ne faut pas hésiter à interroger l'opérateur sur ses préférences : même en ayant beaucoup d'imagination, il n'est jamais possible de se mettre à sa place. Pour certaines opérations sensibles ou complexes, on a intérêt à procéder à une simulation en reconstituant la séquence.

Enfin, l'interviewer ne doit pas perdre de vue qu'il doit prendre des notes détaillées et précises. Les notes d'entretien sont relues et annotées, voire reprises au propre, le plus tôt possible après l'entretien, tant que son contenu est encore frais dans la mémoire.

> ✍ **L'interview** doit :
>
> • *Se dérouler dans un climat d'écoute :*
>   *préparation préalable de l'entrevue,*
>   *attitude ouverte de l'enquêteur,*
>   *prise de notes détaillées et précises.*

> • *Suivre un plan ordonné :*
>
>   *rappel des objectifs,*
>   *questions générales et détaillées,*
>   *reformulation de compréhension,*
>   *synthèse et vérification.*
>
> • *Répondre à des questions concrètes : dans la pratique,*
>
>   *Qui fait Quoi ?*
>   *Comment ?*
>   *Quels délais ?*
>   *Avec quels outils et supports ?*

LA DÉTECTION DES PIÈGES

Lors de l'interview, il faut essayer de repérer les pièges auxquels les opérateurs sont soumis[2] : manœuvres inhabituelles, gestes contraires à l'intuition, indications trompeuses, cadrans qui se ressemblent, indices importants peu repérables, organes et commandes masqués,...

L'analyse

L'analyse de la procédure précède sa rédaction définitive. Il peut s'avérer utile de hiérarchiser les différentes actions : de même que l'on est parti initialement des missions et des processus pour les décomposer en procédures, on peut aussi, à l'intérieur d'une procédure, classer les tâches, les opérations, voire les gestes. Chaque action doit pouvoir être attribuée à un acteur déterminé au niveau d'une direction, d'un service ou d'un poste de travail. L'analyse permet de dérouler les enchaînements et de situer l'importance relative des tâches. Généralement, on doit obtenir des séquences linéaires : les opérations sont déclenchées les unes derrière les autres. Il arrive cependant que l'on voit apparaître des arborescences : certaines opérations sont menées en parallèle. Face à une arborescence complexe, il convient de s'interroger sur un éventuel redécoupage de la procédure.

---

2. M. AKRICH, *Op. cité.*

L'analyse d'une procédure comprend l'évaluation de son importance relative, en partant notamment des éléments quantifiés obtenus lors des interviews. On peut également estimer la charge de travail qu'elle représente. L'évaluation d'une activité homogène s'effectue en unités produites (par exemple : nombre de paiements par jour, nombre de téléviseurs assemblés par mois, etc.), que l'on compare à une capacité de production. Lorsque la mesure porte sur une unité polyvalente, elle s'évalue alors dans une unité indépendante (le plus souvent en heures de travail par machine ou main-d'œuvre, selon la ressource la plus rare). Dans l'établissement des gammes, les temps de production d'une pièce mécanique sont détaillés.

L'évaluation de la charge de travail peut requérir une mesure des temps de production. La méthode du chronométrage, si elle est encore utilisée pour évaluer des cycles machines, n'est plus employée pour les cadences de travail. Outre le fait qu'elle est mal perçue, elle conduit à des résultats erronés par méconnaissance des intensités d'effort, des aléas, des temps de transfert, etc.[3]. On préfère couramment la méthode des mesures par échantillonnage, qui consiste à évaluer les pourcentages de temps répartis entre diverses activités au cours d'une période de temps assez longue.

La compilation de l'existant

Il faut souligner que le rédacteur d'une procédure ne doit apporter aucune modification à l'existant, ni prendre aucune mesure d'organisation. L'analyse détaillée du process et de la charge de travail doit simplement l'aider à clarifier les informations reçues et à les restituer. La mise en forme de ces informations permettra ultérieurement aux intéressés de prendre des mesures d'organisation : étalement de la charge par lissage, optimisation des circuits, augmentation des outils de travail. Rappelons qu'il existe des logiciels de Gestion de la Production Assistée par Ordinateur destinés à faciliter cette tâche d'analyse et d'optimisation (*cf.* chapitre 5.1 : Les produits logiciels).

---

3. M. BERRY, « Taylor et les robots, les raisons d'une incompatibilité », in *Pour une automatisation raisonnable de l'industrie, Annales des Mines*, Paris, janvier 1988.

La tentation peut être grande de vouloir améliorer les procédures au moment de leur rédaction. Toutefois, sauf pour des points de détail ou des cas importants, aucune amélioration de procédures ne doit être apportée avant la compilation et la formalisation de l'existant. Il arrive que l'analyse mette en évidence des incohérences graves, engageant des questions de sécurité.

Il arrive plus simplement qu'elle démontre que certains points de procédures ne sont ni définis, ni stabilisés. Avant de finaliser la rédaction, il est alors nécessaire d'obtenir une décision de la hiérarchie concernée. Pour résoudre ces points, on édite des fiches problèmes, permettant d'informer les responsables concernés et de demander une décision. La fiche problème doit rappeler le nom du rédacteur, l'objet et le nom de la procédure, sa description synthétique, la nature du problème rencontré, la question posée (avec si possible une ou plusieurs propositions de solutions). Les fiches problèmes sont datées et numérotées par ordre chronologique d'émission.

Les jalonnements

L'analyse du process permet également d'établir ou de contrôler les *jalonnements* qui sont repris ensuite sous forme de plannings ou de gammes. L'existence d'un jalonnement découle de l'existence des contraintes d'antériorité et de capacité (*cf. figure 4.1*) :

a) La contrainte d'antériorité tient à ce que certaines tâches doivent obligatoirement être traitées les unes à la suite des autres (il est obligatoire d'élever les murs d'une maison avant de dresser le toit). Dans certains cas, les contraintes d'antériorité sont relativement souples : des chevauchements sont possibles entre les tâches.

b) La contrainte de capacité exprime les limites d'un système de production dans un temps donné. Cette limite dépend des ressources disponibles en hommes et en matériels (un camion ne peut transporter plus d'une certaine quantité par jour).

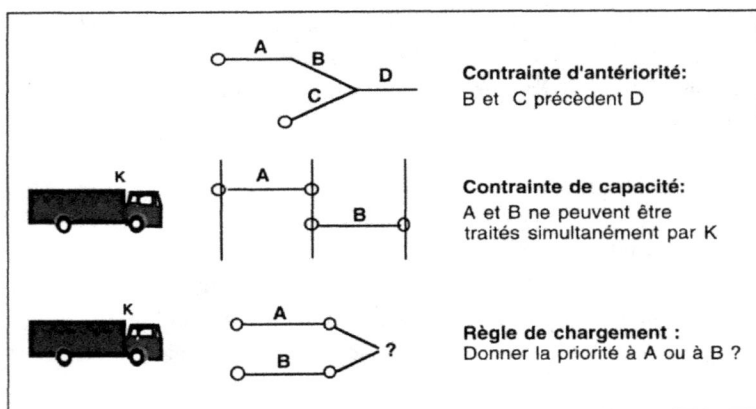

Figure 4.1 L'analyse des jalonnements

Au départ, il faut disposer des données concernant la périodicité (*tous les…*) ou les échéances (*avant…*) affectées aux événements et aux tâches. Certaines actions sont effectuées en temps réel alors que d'autres peuvent se dérouler en temps différé. Le lancement d'une tâche peut avoir lieu au plus tôt (*i.e.* dès qu'il est possible de l'entreprendre) ou au plus tard (*i.e.* en se repérant sur la date de fin souhaitée). Il est donc utile de faire intervenir des règles de priorité afin de fixer l'ordonnancement des tâches (*cf. Tableau 12 : Planning Pert*). La notion de priorité renvoie implicitement à des questions de sécurité, de législation, de choix commerciaux ou de contraintes économiques.

Dans certains cas, l'étude des enchaînements peut exiger une étude topologique détaillée des lieux : par exemple, étude du chemin parcouru derrière les guichets par un client. Dans ce cas, on a recours à des outils d'analyse spécifiques (plan de circulation, diagramme de fréquence) [4].

La rédaction

La retranscription constitue une des principales difficultés d'élaboration d'une procédure. Pour bien la décrire, il est primordial que le rédacteur l'ait bien comprise. L'analyse préalable doit avoir été faite avec minutie.

---

4. Pour ces méthodes, voir en particulier, *Organisation et management*, G. PROBST et alii, *Op. cité.*

UN INSONDABLE LECTEUR

Le rédacteur s'adresse toujours à des lecteurs imaginaires. Lorsqu'il rédige, il leur présuppose un niveau de connaissances techniques, allant des connaissances de base (ils parlent telle ou telle langue, ils savent lire,...) jusqu'aux connaissances spécifiques (ils maîtrisent les lois élémentaires de l'électricité ou au contraire, ils n'ont jamais mis les pieds dans l'atelier) [5]. Ces compétences sont difficiles à apprécier, d'autant qu'elles varient en fonction des individus et que le rédacteur doit s'adresser en plus à un large public. Pour pimenter le tout, les lecteurs ont chacun leur façon de lire : certains déchiffrent tout de A à Z avant de démarrer, d'autres parcourent rapidement les pages, sans compter ceux qui n'ouvrent le mode d'emploi qu'après le déclenchement d'un signal d'alarme ! Il faut donc multiplier les pistes.

Le travail de rédaction demande un mouvement de va-et-vient, allant du général au particulier. On dresse d'abord une description générale qui constitue l'ébauche de la *fiche synthétique* et du *diagramme de flux* (*cf.* chapitre 3.3 : Les supports de représentation). En repartant de la finalité de la procédure, on repasse chaque étape, dans l'ordre chronologique, en montrant comment le résultat final est atteint. La *fiche de tâches* est ainsi progressivement rédigée.

Rappelons que la formulation doit impérativement se faire dans un langage accessible aux utilisateurs. Au fur et à mesure de la rédaction, on est amené à découvrir des difficultés de vocabulaire : faut-il dire un « enrichisseur manuel » ou un « starter » ? Comment différencier un organe (le dispositif d'alarme) et sa fonction (l'alarme) ? Comment distinguer un processus et une procédure ? Il est donc souvent utile de constituer un lexique, réellement indispensable dès qu'il faut garantir une homogénéité de vocabulaire entre les rédacteurs. Sa construction progressive pourra être assurée au niveau de la coordination des rédacteurs (*cf.* chapitre 5.2 : La réalisation).

Enfin, il faut faire un choix quant au niveau de détail rédactionnel. Ce choix est d'autant plus difficile à faire que son amplitude est presque infinie. Une procédure peut être résumée en quelques lignes, visant à la placer au sein d'un processus. Au contraire, chaque tâche, voire chaque geste peut être individuellement décrit avec précision. Cette question

---

5. M. AKRICH, *Op. cité.*

est d'autant plus importante qu'elle touche à la part d'autonomie que l'on accepte – ou que l'on souhaite – donner aux acteurs. Elle a donc un lien direct avec le succès ou l'échec des futurs manuels.

A ce stade, il est important que les rédacteurs ne modifient aucun des éléments qui ont été recensés. Si certains points paraissent incohérents, ils peuvent les vérifier auprès des opérateurs afin de s'assurer qu'il ne s'agit pas d'une erreur de leur part. Dans le cas contraire, ils se contentent d'émettre une fiche problème, ou pour des points mineurs de signaler leurs observations ultérieurement lors de l'étape de vérification.

Si les rédacteurs sont équipés des moyens bureautiques, ils réalisent directement la saisie. Cette saisie « au fil de l'eau » présente de nombreux avantages : diminution des erreurs, clarté des restitutions, facilité des corrections ultérieures, etc. Cette tâche peut toutefois être sous-traitée à une équipe spécialisée qui intervient à la fin de cette étape (*cf.* chapitre 5.2 : La réalisation). Les rédacteurs doivent alors recontrôler la conformité des saisies.

La validation

Avant toute diffusion officielle dans l'entreprise, chaque procédure doit subir plusieurs phases de vérification et de contrôle.

On distingue principalement deux grandes étapes de validation. La première se situe au niveau des rédacteurs. Elle vise principalement à faire approuver les restitutions écrites par les opérateurs concernés. Il est habituel de constater au cours de cette étape qu'il faille largement modifier le premier jet. La seconde étape se situe plus largement au niveau de l'entreprise. Elle porte sur la validité et l'optimisation des méthodes de travail en cours. Elle vise aussi à s'assurer de la cohérence globale du système de procédures. C'est seulement après cette seconde étape d'approbation que les procédures seront réputées diffusables.

> ✍ **La validation** *à deux niveaux :*
>
> - **Initiale**, *au sein de l'unité concernée :*
>   *Contrôle de conformité à la réalité*
> - **Globale**, *au niveau du projet :*
>   *Sondages de fiabilité des écrits,*
>   *Pointage de la cohérence d'ensemble,*
>   *Approbation des méthodes.*

La première étape de vérification a lieu au niveau de l'unité utilisatrice. Le plus souvent, le rédacteur appartient lui-même à cette même unité. L'objectif de cette première phase est de contrôler que la fiche procédure est conforme à la réalité. Elle consiste à s'assurer, pour chaque procédure, que le rédacteur a bien retranscrit toutes les tâches, les liens qui existent entre elles, les acteurs concernés, les délais, en y joignant les copies des supports utilisés. La question qui se pose à ce niveau est assez brutale : « S'il faut respecter la procédure, est-il facile de faire ce qui y est dit ? » Cette vérification peut elle-même se dérouler en deux temps. Tout d'abord, les projets de fiches sont diffusés, pour commentaires et corrections, auprès des personnes interviewées lors de l'enquête. Puis, après la prise en compte des observations reçues, les fiches sont approuvées au niveau du responsable de service.

🐫 LE REJET

Les opérateurs ont parfois tendance à rejeter le caractère contraignant du formalisme, alors que précisément, c'est la qualité insuffisante de son contenu qui est en cause. L'analyse n'ayant pas été poussée à fond, le rédacteur a décrit une situation qui ne correspond à rien de réel. On découvre alors qu'il serait bien difficile d'appliquer à la lettre des consignes qui, dans le principe, sont apparemment pleines de bon sens.

Il peut s'avérer intéressant de profiter de cette période de validation, pour corriger certaines dérives, débattre des améliorations ou clarifier les règles en vigueur. Dans ce cas, cette phase peut être l'occasion de réunir l'ensemble des intéressés. Cette démarche a le mérite d'impliquer largement le personnel. Elle ne peut que renforcer le poids ultérieur des procédures et faciliter leur mise en œuvre. Il est possible à ce niveau d'introduire, à la demande des utilisateurs, des améliorations limitées par rapport à l'existant. Dans un premier temps, ces modifications doivent cependant rester d'ordre secondaire. Il faut éviter, à ce stade, de vouloir tout reconstruire, en risquant de soulever de nombreux problèmes extérieurs à l'unité concernée.

La seconde étape de validation se situe à un échelon plus général. Elle vaut alors pour approbation des méthodes de travail, au niveau de l'entreprise et de sa direction. Elle comporte elle-même trois plans : un contrôle de conformité sur le terrain, une mise en forme globale du système et enfin, une relecture générale pour approbation.

Sur le premier plan, on procède à un nouveau contrôle de conformité de l'écrit par rapport à l'existant. Ce contrôle s'effectue alors sous forme de sondages aléatoires. En cas de divergence, une enquête approfondie permet d'expliquer le défaut de conformité et éventuellement d'apporter une correction sur la fiche.

Le second plan porte sur la centralisation des procédures, en vue de la constitution des manuels. Elle est l'occasion d'effectuer un contrôle de cohérence global. On reconstitue les processus et l'on vérifie la concordance des connections (le résultat de la procédure n-1 ouvre l'événement de la procédure n). Cette mise à plat permet d'éviter des doublons ou des incohérences entre services.

En troisième lieu, il s'agit d'une relecture générale des procédures au niveau des services de méthodes, afin de procéder à leur *révision* (approbation des méthodes).

De nouvelles améliorations pourront être proposées à l'issue de ces différents contrôles. Tout changement ne pourra cependant être entériné qu'avec la participation des intéressés.

Le déroulement de cette étape de validation générale concerne directement l'organisation d'ensemble du projet de rédaction des manuels. Nous y reviendrons donc au prochain chapitre.

5. LE PROJET

5.1 L'ORGANISATION DU PROJET

La réflexion préalable

La construction d'un manuel de procédures est un investissement pour l'entreprise. Destiné à fiabiliser ses structures de production et de gestion, il doit concrétiser son savoir-faire et ses circuits de communication interne. La qualité du produit final représente donc un enjeu important en particulier en termes de fiabilité.

Comme pour l'installation d'un équipement de production, d'un banc d'essai ou d'un robot, sa réalisation doit être menée dans un souci de rigueur. Cependant, sa confection demande du temps et a un coût. Elle doit faire l'objet d'une démarche organisée. De même que pour tout nouvel investissement, la rédaction des procédures doit se gérer comme un *projet*.

Comme dans n'importe quel projet, la phase de préparation doit permettre de définir les objectifs poursuivis et de mettre sur pied un ensemble de moyens, comprenant des équipes structurées, des méthodes de travail, des outils techniques et des circuits d'information (*cf. figure 5.1 : la préparation du projet*). Il importe de préciser les besoins des utilisateurs et de sérier les objectifs que l'on veut poursuivre. Nous l'avons vu, les motivations qui conduisent à la création d'un manuel de procédures, sont variables. La conception de l'outil va dépendre de ce à quoi les intéressés le destinent. Répondant à des besoins spécifiques, les procédures ont à chaque fois une forme particulière. Plus la demande est large, plus l'objet à construire est complexe et... coûteux. Comme pour toute activité économique, il faut opérer des choix en fonction des besoins et des coûts consécutifs. Cette première étape aboutit à une esquisse d'ensemble du futur manuel.

Cette étape fait généralement l'objet d'un séminaire de lancement au niveau du comité de pilotage.

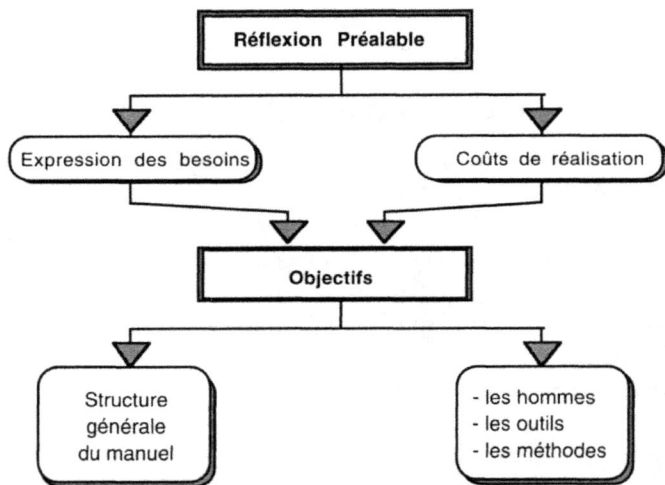

Figure 5.1 : La préparation du projet

A ce stade, il s'agit de définir les équipes, les outils et les méthodes de travail. Les moyens choisis dépendent des objectifs retenus. La rédaction de fiches très détaillées nécessite par exemple la participation d'un grand nombre de rédacteurs. Parallèlement, si l'accent est mis sur des problèmes de sécurité et de fiabilité, il faut faire largement appel aux bureaux des méthodes et aux équipes d'audit technique. Si c'est l'aspect pédagogique qui est privilégié, l'effort portera sur les questions d'ergonomie et d'édition. Enfin, cette étape de préparation s'achève avec la préparation d'un planning, fixant les étapes de réalisation et un calendrier prévisionnel.

✍ **La préparation du projet**

La réflexion préalable

- *Mise en rapport des attentes et des coûts*
- *Définition des objectifs*
- *Premier inventaire des procédures*

Les équipes

- *Mise en place d'une équipe projet*
- *Choix des rédacteurs*
- *Recherche d'un éventuel consultant externe*

Les outils et les méthodes

- *Outils bureautiques*
- *Démarche générale de travail*
- *Planning du projet*

L'EXEMPLE CAMEROUNAIS

S'il n'est pas courant de voir une entreprise africaine citée en exemple, il faut accorder une mention spéciale à cette firme camerounaise (3 700 personnes) qui a formalisé l'ensemble de ses procédures selon une démarche largement participative. L'opération a mobilisé 120 agents, tandis que l'on estime à environ 800 le nombre total de personnes qui ont été indirectement associées au projet. Au final, ce sont 11 volumes, regroupant 1 000 procédures, soit presque 8 000 pages, qui ont été ainsi rédigés.

Les acteurs

L'organisation d'un projet dépend d'un grand nombre de facteurs tels que le type d'activité et la taille de l'entreprise, la qualification du personnel, les mentalités et la culture locale, etc. Quoi qu'il en soit, un certain nombre de fonctions doivent invariablement être prises en charge. Présentons-les rapidement avant de les examiner plus en détail.

Les deux principales fonctions à remplir concernent, d'une part, l'animation du projet, et d'autre part, la rédaction proprement dite des procédures. A ces deux fonctions correspondent *grosso modo* les deux principaux groupes à mettre en place : l'*équipe-projet* et le *groupe des rédacteurs*. Il peut cependant être utile de faire appel à un *consultant* extérieur pour certaines tâches telles que la formation initiale des rédacteurs ou le choix des outils bureautiques. L'ensemble du dispositif est placé en principe, sous la direction et le contrôle d'un *comité de pilotage*. La validation des procédures, si elle incombe d'abord à la cellule-projet et au comité de pilotage, peut aussi requérir l'intervention d'équipes spécifiques telles que l'audit interne, le bureau des méthodes, etc.

✍ **Les équipes, sous le contrôle d'une « autorité projet »:**
(Comité de direction,…)

- *La Cellule Projet*
- *Le Groupe des Rédacteurs*
- *Les Spécialistes (méthodes, audit, consultant)*

Faut-il insister sur le caractère nécessairement participatif d'une telle entreprise ? Malgré les bonnes intentions toujours affichées, on constate souvent que la tendance consiste à confier ce travail à une petite équipe de concepteurs, éloignés des opérateurs. Le dialogue risque de s'avérer rapidement impossible. Soulignons pourtant que cette participation des utilisateurs est une condition *sine qua non* de leur attention ultérieure au respect des règles. Faute de quoi, les procédures risquent de n'être pas prises au sérieux, de n'être d'aucun poids.

🐪 LE DIALOGUE DE L'AVEUGLE ET DU MUET [1]

La rédaction des procédures est souvent confiée à une équipe spécialisée qui, bien qu'elle soit censée associer les utilisateurs, ne s'embarrasse pas de partenaires qui ne peuvent que la retarder. Cette séparation des tâches entre concepteurs et utilisateurs, revient à vouloir faire dialoguer un aveugle et un muet : les concepteurs, n'étant pas présents dans les ateliers, ignorent les imprévus qui peuvent y survenir (les aveugles) ; quant aux utilisateurs, ils n'ont guère la possibilité de se faire entendre (les muets).

---

1. M. Berry, « Taylor et les robots, les raisons d'une incompatibilité », *Op. cité.*

Finalement, les uns et les autres finissent par se complaire dans des rôles classiques : d'un côté, les technocrates, impatients de faire rentrer la réalité dans leurs schémas, préfèrent ignorer des « détails » qui nuisent à la rationalité de leurs concepts ; de l'autre, les utilisateurs, pour combler l'écart irréductible qui existe entre la théorie et la pratique, ont recours aux vertus mythiques du système D.

La cellule projet

La cellule projet assure la coordination générale et le suivi du projet. Elle est chargée des travaux préparatoires tels que l'animation de la réflexion préalable, le secrétariat des réunions, la recherche d'un éventuel consultant, l'organisation des séminaires de formation, la préparation des supports types, la diffusion d'un lexique, l'acquisition des outils bureautiques, etc.

Durant le projet, elle s'assure des cohérences globales, du respect des plannings, de coordonner des directions concernées par une même procédure horizontale, et de la saisie progressive des documents. En fin de parcours, elle procède à la centralisation des procédures et aux travaux de synthèse. Après reconstitution des processus, elle en teste la cohérence. Elle vérifie le niveau d'exhaustivité des manuels par rapport aux objectifs initiaux. Globalement, la cellule-projet accompagne et anime le travail des rédacteurs. Elle rend compte régulièrement de l'état d'avancement au comité de pilotage et à la Direction générale. Cette cellule doit encore s'assurer du déroulement de la validation globale. Enfin, elle fait préparer l'édition et la diffusion des manuels.

Afin d'assurer un bon niveau de compréhension avec les opérateurs, il est souhaitable que cette cellule comprenne des personnes dont l'expérience professionnelle soit située au cœur des métiers de l'entreprise et qui en connaissent le langage. Dans le cas où les rédacteurs ne sont pas dotés des outils logiciels nécessaires, des agents de saisie sont directement rattachés à la cellule-projet.

A l'issue du projet, et en l'absence de toute autre structure équivalente, cette cellule peut être transformée en une section organisation, chargée de la gestion des procédures (mise à jour permanente, gestion de la base documentaire,...).

Les rédacteurs

Les rédacteurs sont recrutés au sein des différentes directions. Ils sont chargés des travaux d'enquête et de la rédaction des fiches.

Le choix qui consiste à confier cette tâche à des rédacteurs spécialisés, conduit généralement à des documents peu intéressants pour les utilisateurs (*cf.* Les rédacteurs de « basse condition » ci-après). Pour aboutir à une documentation réaliste, le « bon » rédacteur devrait être choisi parmi les utilisateurs de base. Toutefois, le travail d'analyse et de rédaction exige des qualités de conceptualisation, voire des connaissances en organisation, qui sont parfois difficiles à trouver à la base. En pratique, les rédacteurs peuvent être choisis à un niveau intermédiaire, parmi les cadres qui sont en hiérarchie directe des futurs utilisateurs. Toutefois, les rédacteurs présumés n'ayant pas au départ les compétences nécessaires, il faut leur donner une formation aux techniques d'interview, d'analyse et de rédaction. Ils pourront eux-mêmes associer les opérateurs, en leur demandant de rédiger des esquisses de texte.

🐫 DES RÉDACTEURS DE « BASSE CONDITION »

La rédaction des procédures est parfois laissée à des rédacteurs relevant d'une équipe d'organisation. Etant cependant d'un statut inférieur par rapport à ceux qui sont chargés des travaux d'organisation, ils sont assez mal considérés sur un plan technique. Leur travail est perçu comme ingrat, « ennuyeux » disent certains. N'ayant guère de pouvoir, il leur est difficile d'obtenir des informations de qualité. Ils sont peu motivés. La qualité de leur production s'en ressent. Ce choix témoigne en réalité du peu d'intérêt qui est accordé au contenu des manuels.

Lorsque l'analyse fait appel à des connaissances techniques précises, touchant par exemple à la sécurité, il faut associer des structures d'étude telle que le bureau des méthodes. Cependant, les opérateurs de terrain doivent toujours être étroitement associés, par exemple au sein de binômes.

Les rédacteurs, une fois désignés, se voient attribuer la liste des procédures qu'ils ont à étudier et à formaliser. Ils peuvent alors préparer chaque *chemise-procédure* et démarrer les interviews.

Les spécialistes

Certaines tâches requièrent l'appui de spécialistes : consultants externes, bureaux des méthodes ou auditeurs internes. De nombreuses sociétés de conseil (ingénierie, expertise comptable ou conseil en organisation) possèdent des compétences dans ce domaine.

L'appel à un consultant peut se révéler utile, pour aider la cellule projet à organiser la démarche ou pour choisir la forme définitive des supports. Il peut apporter une aide précieuse dans le choix des outils bureautiques et en particulier des logiciels, compte tenu de la difficulté à s'y retrouver dans des outils informatiques en constante évolution. Son appui est souvent indispensable pour former les futurs rédacteurs. Au-delà des sessions de formation, il peut accompagner les premiers essais de rédaction sous forme de travaux pratiques.

Il est tentant de confier la rédaction des procédures à une équipe de consultants. Toutefois, le résultat risque d'être décevant : face au peu d'enthousiasme de ses équipes, un responsable d'entreprise confia ainsi la rédaction des procédures à un cabinet extérieur ; forts mécontents du résultat, ses agents finirent par... tout réécrire eux-mêmes (*cf.* Une vision mathématique de l'entreprise ci-après). En réalité, comme pour toute intervention d'un consultant, la qualité du travail exige une forte imbrication entre l'équipe de l'entreprise et celle de son conseil.

UNE VISION MATHÉMATIQUE DE L'ENTREPRISE

La rédaction des procédures est parfois entièrement déléguée à un cabinet externe. Les rédacteurs, étrangers à l'entreprise, n'ont alors qu'un aperçu général sur ses processus de travail. Ils ont une vision abstraite des procédures qu'ils rédigent, et qu'ils ne seront d'ailleurs jamais appelés à mettre en œuvre. Cette tâche est généralement confiée à de jeunes consultants qui ont une haute formation théorique. Leurs critères d'appréciation sont ceux qui conviennent d'habitude pour juger une démonstration mathématique – simplicité, rigueur et élégance –, plutôt que pour décrire un processus concret. L'apparence logique l'emporte souvent sur le sens pratique.

Il faut enfin prévoir les différentes validation. Des groupes *ad hoc* peuvent exister au sein de chaque Direction. Ils se composent alors des responsables hiérarchiques et des rédacteurs. Ils vont procéder à une validation avant saisie.

On peut enfin disposer d'un comité de validation, comprenant des membres des différentes directions concernées. Il intervient alors en appui ou en supervision de la cellule projet pour valider les interfaces de procédures entre directions.

Les outils matériels

Avant de se lancer, il faut doter les équipes des moyens informatiques ou bureautiques nécessaires. Pour cela, il faudra évaluer le volume de la future documentation. Cette estimation sert à définir la taille des mémoires de masse, ainsi que la capacité des imprimantes à acquérir. Enfin, sur le plan matériel, il faut se préoccuper des moyens classiques de reprographie et d'édition : photocopieuses, reliures, classeurs,...

Les procédures peuvent être gérées sur un fichier central, logé sur un micro-ordinateur ou sur un serveur de réseau. Parallèlement, les rédacteurs doivent disposer des moyens d'aide à la formalisation (traitement de texte et dessin). Grâce aux moyens informatiques actuels, il est facile désormais de rendre le fichier des procédures consultable de façon décentralisée. Toutefois, l'entrée des données et les mises à jour seront nécessairement gérées de manière centralisée.

✍ **Les outils de base :**

- *Micro-ordinateurs (type PC)*
- *Logiciels*
- *Imprimantes*
- *Atelier de Reprographie*

🐪 LE SITE MINIMUM

Le site minimum peut comprendre un micro-ordinateur classique et une impri-
mante laser. Avec un environnement de base (Windows), on peut utiliser un
traitement de texte et un outil à dessin (ex : Word et Excel ou Draw). Il existe
aussi quelques logiciels spécialisés.

Au cours des dix dernières années, les révolutions du câble optique
et de l'informatique ont complètement modifié la problématique du
stockage et de la diffusion des bases d'information. Leur accessibilité
– facilité de recherche et immédiateté d'accès – est devenue quasi totale.
Les coûts de stockage ont été réduits à presque rien. La diffusion des
savoirs repose sur des outils très divers. Ainsi les manuels de procédures,
véritable encyclopédie de l'entreprise, peuvent être enregistrés et diffusés de diverses façons : stockage sur un répertoire informatique accessible en réseau, réalisation d'un site Intranet, ou diffusion de CD-ROM.

L'organisation du manuel peut elle-même s'appuyer sur des logiciels
de navigation de type Internet. Lorsque le manuel est accessible en
réseau, le fichier est situé sur un micro-ordinateur dédié comme serveur.
Il est accessible en interrogation et en édition par les utilisateurs. Un tel
dispositif nécessite l'existence d'une architecture informatique de type
client-serveur, munie de protocoles et de logiciels de communication et
de navigation. Pour les petites entreprises, ne disposant pas d'un réseau,
la création d'une base d'information organisée sur CD-ROM constitue
la solution la plus aisée. Quant aux éditions « papier » du manuel, elles
sont désormais gérées au niveau des services, voire de chaque utilisateur.
Cette facilité de diffusion de l'information doit toutefois conduire à
veiller à la protection de la confidentialité des informations.

Les produits logiciels

Au-delà de l'utilisation des logiciels classiques (traitement de texte,
tableur, dessin), on trouve des produits plus spécifiques. Sachant que,
dans ce domaine, les outils évoluent très rapidement, nous donnons ici
quelques indications générales. Il existe *grosso modo* six grandes catégories d'applications dont les fonctionnalités se rattachent plus ou moins
à notre problème.

Les logiciels *d'archivage* : non directement dédiés aux manuels de procédures, ces outils permettent l'enregistrement, la numérisation, le classement, le stockage et la diffusion de documentations volumineuses (scannérisation, présentation, indexage, gestion par thèmes ou par mots clés, éditions contrôlées,...).

Les logiciels *graphiques* : adaptés à la conception des diagrammes, type flow-chart, ils en facilitent nettement la saisie et la mise à jour (assistance à la réalisation, palettes de symboles, cheminements automatisés, liaisons entre diagrammes,...). Certains produits proposent d'ailleurs des fichiers de symboles conviviaux *(cf. figure 5.2 : diagramme illustré)*.

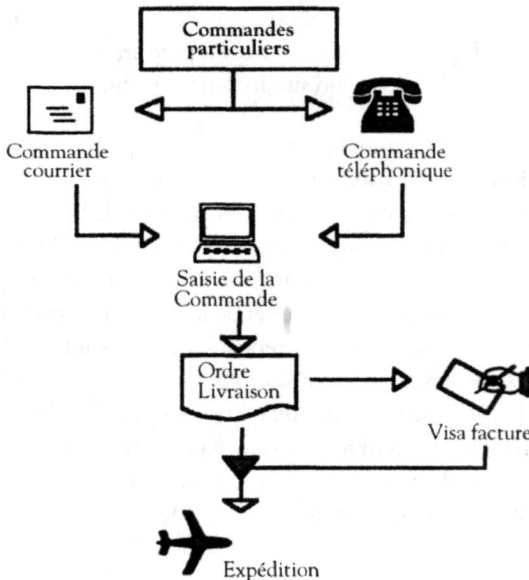

Figure 5.2 : Diagramme illustré

Les logiciels *procédures* : assez rares, ils n'offrent souvent qu'une partie des fonctions utiles (nomenclature hiérarchisée des procédures, aide à l'analyse et à la rédaction, liaison automatique entre les diagrammes et les fiches de tâches, mises à jour automatique des intervenants, des tâches et des supports, gestion des mises à jour et des destinataires,...).

Les logiciels de *gestion de projets* : ces produits sont nombreux et variés. La plupart d'entre eux permettent de construire et de suivre des plannings (Gantt et Pert), avec éventuellement diverses fonctions associées, telles que calculs des temps et des coûts, descriptifs des tâches correspondantes, etc.

Les logiciels de GPAO : on trouve en particulier des produits de Conception Assistée par Ordinateur qui sont destinés aux bureaux d'études, pour l'élaboration de pièces et de composants industriels. Ils offrent généralement une aide au dessin (en deux et en trois dimensions) à partir d'une définition mathématique des pièces. Parmi les logiciels de GPAO, certains sont orientés vers la gestion des nomenclatures de produits et des gammes.

Les logiciels *d'audit* : ce sont des outils d'assistance aux missions d'audit. Ils ont l'avantage d'encadrer les démarches d'audit, les rendant ainsi plus fiables. Ils permettent de systématiser les plans de mission, les critères d'évaluation par thèmes, les normes à respecter, les analyses de points forts et de points faibles, les listes de recommandations,... Ce sont en quelque sorte les nouveaux blocs-notes des auditeurs.

DANS LE MAQUIS INFORMATIQUE

Le choix d'un logiciel spécialisé constitue une épreuve en soi. Les produits sont nombreux, complexes et en constante mutation. La compréhension des fonctions offertes exigerait pour chaque logiciel un travail long et même souvent un temps d'essai prolongé. Créée par des utilisateurs, la société CXP référence les progiciels et apporte ses conseils aux utilisateurs pour s'y retrouver dans le maquis des progiciels : CXP, 19 rue du Rocher, 75008 Paris, Tél : 01.53.04.19.00, Fax : 01.44.70.91.10, www.cxp.fr. Cet organisme (qui ne fournit aucun logiciel) propose de nombreux services d'information : revue d'actualité, catalogues de progiciels par spécialité technique ou par branche professionnelle, diagnostics de produits, dossiers comparatifs, check-lists pour la définition des besoins propres, service de conseil, etc. En particulier, CXP édite une encyclopédie du logiciel sur CD-ROM.

Dans le domaine informatique, il est conseillé de privilégier dans un premier temps les solutions les plus simples. On se rappellera que les produits les plus sophistiqués sont aussi les plus délicats à manier.

C'est à l'usage que l'on devient capable de formuler ses véritables besoins. Comme en toutes choses, l'expérience est la meilleure des conseillères.

Workflow : l'exécution automatisée des procédures

Un outil *workflow* permet l'automatisation de tout ou partie d'un processus. Les systèmes de gestion de *workflow* sont des outils informatiques qui permettent de générer automatiquement les supports écrits et d'effectuer la circulation des documents entre les acteurs au fur et à mesure de l'exécution d'une procédure. Au cours de son déroulement, chaque acteur reçoit sur son « bureau » d'ordinateur la demande de travail : requête de saisie d'information ou d'enregistrement, demande de validation, etc. Selon les cas, l'utilisateur peut prendre sa fiche dans une file d'attente ou la recevoir dans sa boîte aux lettres avec une infrastructure de type « messagerie ». Dès que l'intéressé a effectué sa tâche, la procédure reprend son cheminement pour migrer vers l'intervenant suivant. Les acteurs peuvent, à chaque instant, connaître l'état d'avancement de la procédure et les informations déjà traitées. L'outil permet de veiller au respect des contraintes de délais.

Un *workflow* permet donc de gérer ensemble : le routage des documents ou des tâches ; les règles de coordination dans l'accomplissement des processus ; les rôles des acteurs – rédacteur, manager, assistant – en fonction des tâches et de leurs liens de communication. Les routes peuvent être séquentielles, parallèles, conditionnelles ou en boucle. Les règles peuvent notamment prendre en compte le partage des ressources, les conditionalités simultanées ou préalable. Le système distingue enfin les tâches de préparation, de négociation, d'exécution et d'acceptation.

Naturellement, l'existence d'un manuel de procédures facilite la construction d'un *workflow*. Mais surtout, une fois que la procédure est automatisée, le contenu rédactionnel du manuel s'en trouve sensiblement allégé.

> ✍ **La programmation d'un workflow *repose, comme la des-***
> ***cription des procédures sur l'inventaire des « trois R » :***
>
> - *les routes,*
> - *les règles,*
> - *les rôles.*

L'apparition des *workflow* constitue une avancée supplémentaire dans l'intelligence des organisations. L'objectif n'est pas d'en faire des outils de taylorisation assistée par ordinateur, mais bien des supports de communication et d'aide à la coordination. Plusieurs outils logiciels sont disponibles sur le marché. Ils permettent de déployer rapidement un *workflow*, sans nécessité de développements préalables. Ils supportent aisément l'évolution des processus de par leur conception générique. Ils sont donc ouverts aux changements d'organisation. Certains moteurs de *workflow* sont incorporables aux progiciels de gestion. Le choix d'un outil particulier de *workflow* doit être fait en fonction de l'ensemble des applications pouvant être développées dans l'entreprise. Ces outils peuvent également servir à la reconfiguration des processus.

5.2 LA MISE EN ŒUVRE

Le processus

Nous disposons maintenant de tous les éléments nécessaires pour décrire le processus complet d'un projet de rédaction de procédures. Le tableau ci-après présente les différentes étapes qui se succèdent, depuis la préparation (réflexion préalable, recherche d'un éventuel appui externe, initialisation), jusqu'à la diffusion finale et à la mise en place d'une cellule chargée de la mise à jour et de la gestion des manuels (*voir également Tableau 6*).

✍ **Le déroulement du projet**

❶ **Le Lancement**

1.1 *Réflexion préalable*
1.2 *Mise en place de l'équipe-projet*
1.3 *Recherche d'un consultant externe*
1.4 *Travaux Préparatoires*

❷ **La Réalisation**

2.1 *Préparation de l'enquête*
2.2 *Enquête et rédaction*
2.3 *Synthèse et validation*

❸ **La Diffusion**

3.1 *Edition générale des manuels*
3.2 *Mise en application*

Le lancement

Les premières tâches dont il faut se préoccuper, une fois la cellule projet en place, concernent respectivement la recherche éventuelle d'un consultant, le choix des matériels, la nomination des rédacteurs, la compilation des notes techniques et l'établissement des premières listes de procédures par direction.

Certaines opérations, telles que la rédaction des termes de référence du consultant ou l'établissement des listes de procédures, peuvent être lancées simultanément. D'autres, comme le choix du formalisme ou des moyens informatiques, nécessitent une réflexion progressive qui s'étend jusqu'au début de l'enquête (après la formation des rédacteurs).

L'inventaire des procédures peut être mené à différents niveaux de l'entreprise. A un niveau supérieur, on voit mieux les processus globaux. Au niveau du terrain, on tend vers une vision plus segmentaire des procédures. Pour bénéficier d'une vue proche du terrain et suffisamment globale, l'inventaire peut être confié aux départements ou aux services utilisateurs. Il est souhaitable d'associer largement, dès le départ, les opérateurs ainsi que les futurs rédacteurs. Rappelons que les premières listes sont nécessairement provisoires.

✍ ❶ **Le Lancement**

1.1 Réflexion préalable

1.1.1   Définition des objectifs
1.1.2   Structure générale du manuel
1.1.3   Définition des moyens et des méthodes

1.2 Mise en place de l'équipe projet

1.2.1   Répartition des tâches
1.2.2   Définition du processus de travail
1.2.3   Planning de travail

1.3 Recherche d'un consultant externe

1.3.1   Rédaction des termes de références
1.3.2   Consultation des sociétés de conseil

1.4 Préparation Technique

1.4.1   Choix des rédacteurs
1.4.2.   Définition des matériels
1.4.3   Etablissement d'une liste des procédures
1.4.4   Compilation des notes de service existantes

🐪 **LE TEST DES CONSOMMATEURS**

Compte tenu des enjeux de sécurité qui existent dans les centrales nucléaires, des tests ont été réalisés auprès des opérateurs de conduite afin de dégager les représentations qui leur paraissaient les plus claires [2]. Une

---

2. J.L. NICOLET, J. CELIER, *Op. cité.*

enquête a été réalisée, visant à approfondir 16 thèmes concernant le contenu des fiches et à tester 185 modèles de présentation. Des entretiens individuels, d'une durée moyenne de 2 heures 30, ont été menés auprès de 60 opérateurs appartenant à plusieurs usines, à toute heure du jour et de la nuit, et selon un protocole d'interview unique (*i.e.* en suivant une procédure). Les réponses ont été exploitées de manière quantitative et qualitative pour aboutir à une forme de présentation définitive.

Au cours de cette phase préparatoire, l'équipe projet doit encore s'organiser, répartir les responsabilités, établir un planning et fixer ses propres procédures de travail (*Voir Tableau* 6).

Le chef de l'équipe projet organise des réunions avec les responsables de département ou les correspondants du projet au sein des services, en particulier avec les futurs rédacteurs. Ces réunions permettent de débattre des questions suscitées par le projet. Il faut notamment prendre le temps de sensibiliser les hiérarchies intermédiaires afin qu'elles ne risquent pas de se sentir dépossédées. Au cours de ces séances, les objectifs et les méthodes envisagés sont exposés, commentés et amendés.

La réalisation

La phase de réalisation proprement dite débute avec la formation des rédacteurs. Elle suppose donc que ceux-ci soient désignés, que le consultant, s'il y a lieu, ait été choisi et que l'on ait arrêté certains choix pratiques (matériel bureautique, formalisme des fiches de procédures).

La formation des rédacteurs gagne à être intégrée dans une phase pilote au cours de laquelle quelques projets de procédures sont rédigés. Cette phase, conduite avec l'appui du consultant, permet de : montrer les premiers projets aux opérateurs afin qu'ils aient une vision concrète du projet ; récolter leurs réactions ; caler définitivement le niveau de détail rédactionnel souhaité ; valider les concepts et les conventions de langage (processus, procédure, tâche, opération, règles de gestion,...) sur la base d'exemples pris dans l'entreprise.

✍ ❷ **La Réalisation**

2.1 Phase pilote

2.1.1   *Séminaire de formation des rédacteurs*
2.1.2   *Choix définitif du formalisme (fiches procédure)*
2.1.3   *Définition de la nomenclature (liste et codification)*
2.1.4   *Edition des chemises procédures*

2.2 Enquête et rédaction

2.2.1   *Note de lancement de la direction*
2.2.2   *Interviews et analyses*
2.2.3   *Rédaction et saisie*
2.2.4   *Validation locale*

2.3 Centralisation

2.3.1   *Synthèse des processus*
2.3.2   *Validation globale (fiabilité, cohérence,...)*
2.3.3   *Tests de conformité*

LES ATELIERS DE FORMATION

L'objectif du séminaire est de rendre les rédacteurs capables de concevoir et de rédiger les procédures. Son contenu détaillé doit être préalablement préparé avec l'intervenant. Outre les aspects conceptuels, la formation doit comprendre des exercices pratiques. Les exemples proposés doivent provenir de cas réels tirés de l'entreprise. Un guide de travail est remis aux participants. A titre indicatif, le programme du séminaire peut traiter des points suivants :

a) Méthodologie générale : les procédures et leurs enjeux ; la conception des supports et le formalisme proposé ; les structures (processus et procédures, inventaire initial, codification, découpage,...) ;

b) La rédaction (avec exercices pratiques) : le découpage des processus en procédures et en tâches ; la collecte de l'information ; le remplissage des chemises-procédures ; la rédaction des fiches ;

c) Méthodes et outils : les logiciels utilisés, l'organisation du projet (acteurs, supports, organisation cellule projet, équipe de rédacteurs) ; l'actualisation des procédures.

Le séminaire peut se terminer sous forme d'ateliers, avec la rédaction par chaque participant de procédures réelles. La durée indicative de ces ateliers est 2 jours. La formation peut éventuellement être découpée en plusieurs étapes afin d'accompagner les rédacteurs dans les premières phases de leurs travaux.

La formation des rédacteurs doit avoir un caractère pratique : exercices réels, études de cas, connaissance des pièges éventuels,... Il est important que les rédacteurs puissent démarrer leur enquête dans la foulée, sous peine de perdre rapidement les acquis de leur formation. Afin de mieux les aider, ils sont éventuellement regroupés en équipes, suivies par un accompagnateur. Avant de débuter les interviews proprement dites, ils peuvent commencer par compiler les notes de services et les documentations techniques existantes, et par en prendre connaissance.

Le démarrage de l'enquête doit être précédé d'une note de service de la direction générale, qui annonce le projet et qui en fixe les grandes lignes. Outre qu'elle donne au projet sa valeur officielle, une telle note est nécessaire pour rendre acceptable la venue des enquêteurs. Faute de précautions, ils risquent d'être mal reçus par ceux que leur curiosité pourrait surprendre.

✍ **Règle de base**

Il faut rédiger l'existant

Non pas ce que le rédacteur considère comme bien,
Mais ce qui se pratique effectivement,
En n'autorisant que des corrections à la marge, simples ou évidentes.

Durant toute la phase de réalisation, la cellule projet apporte son assistance aux rédacteurs. Il lui revient également de tenir à jour la liste de l'ensemble des procédures identifiées et de la diffuser régulièrement auprès des directions. Cette liste permet aux différents services d'avoir une vision globale et, le cas échéant, de prendre conscience des interdépendances qui existent entre eux. Cette même liste peut servir à dresser l'état d'avancement des travaux de rédaction, en indiquant les étapes franchies, pour chaque procédure : origine identifiée, en cours d'étude, projet rédigé, première validation, saisie, contrôlée, diffusée.

Parmi ses tâches de suivi, la cellule de projet doit encore constituer progressivement un lexique, en partant des difficultés et des informations que lui rapportent les rédacteurs. Contrairement à ce que l'on peut penser, l'utilité du glossaire concerne en premier chef les rédacteurs. En effet, l'absence d'un tel outil a des répercussions sur la qualité rédactionnelle des procédures : descriptions ambiguës, formulations lourdes, indications manquantes, etc.

Une fois la *validation initiale* effectuée au sein des unités (*cf.* chapitre 4.3 : La validation), les projets de procédures sont centralisés au niveau de la cellule projet. Celle-ci procède alors à leur compilation et à leur *validation globale*.

La validation globale

La compilation des fiches permet de reconstituer l'ensemble des processus. A ce stade, des listes récapitulatives de procédures peuvent être établies (*cf. Tableau 14 : liste classée de procédures*). Elles vont permettre de contrôler l'exhaustivité – nécessairement relative – des manuels. En fin de parcours, elles pourront former la table des matières des manuels.

La compilation est enfin l'occasion de construire des diagrammes de flux récapitulatifs (*cf. Tableau 15 et Tableau 16 : diagramme de processus*). A l'issue d'une procédure, les documents sont, soit archivés, soit adressés à un tiers extérieur à l'entreprise, ce qui achève le processus, soit transférés à une autre procédure. Un document « sortant » d'une procédure qui n'est pas « entrant » dans une autre, est l'indice d'une lacune. Les procédures sont en effet connectées entre elles par des échanges de documents. Pour opérer un raccordement global au niveau de l'entreprise, il suffit donc d'identifier chaque procédure avec ses supports entrant (et leur origine) et sortant (et leur destination).

Les connections horizontales entre directions deviennent ainsi visibles. Ce rapprochement permet de vérifier l'homogénéité des procédures et leur exhaustivité. Du même coup, il sert à contrôler les connections entre procédures et la cohérence de l'ensemble ainsi constitué.

LES RACCORDEMENTS DE TUYAUTERIES

La reconstruction finale des processus permet de faire apparaître d'éventuelles malfaçons. A l'image d'une usine qui aurait été préassemblée par tranches, c'est au moment du montage final que l'on s'assure réellement du raccordement possible entre les différentes « tuyauteries ». On constate alors qu'il existe :

– des doubles circuits (procédures redondantes entre directions),
– des sections manquantes (au sein d'un processus),
– des raccords incompatibles (résultat de l'une non cohérent avec la suivante),
– des dissymétries (procédures similaires appliquées avec des règles différentes).

A la suite de cet assemblage, on est donc conduit à :

– modifier des procédures qui, bien que similaires, sont prescrites sous des formes non cohérentes selon les directions,

– corriger certains descriptifs, afin que les résultats annoncés (par exemple documents supports) correspondent bien à l'entrée des procédures suivantes,

– ajouter des procédures qui auraient été oubliées notamment à l'interface entre deux services ou deux directions,

– revoir les procédures redondantes ou incohérentes entre elles,

– homogénéiser les présentations.

Ce traitement implique à nouveau une modification de la liste des procédures. Outre la suppression des doublons, il peut faire apparaître des procédures traitées de façon distincte, qui gagneraient à être fusionnées sous une seule dénomination. Inversement, on peut être conduit à découper certaines procédures en plusieurs sections distinctes. Enfin, les procédures incluant un traitement informatisé sont à compléter par une fiche de présentation des fonctionnalités du traitement informatique (*cf.* Les procédures invisibles).

LES PROCÉDURES INVISIBLES

Lors de la reconstitution des processus, on peut découvrir que des procédures qui sont traitées automatiquement (informatique) n'ont pas été décrites. Ces procédures fantômes se manifestent en fait par leurs effets adjacents : leurs entrées et leurs sorties. Il peut donc être utile, pour s'assurer de la cohérence des traitements et pour compléter l'information des utilisateurs, d'ajouter une description des principales fonctionnalités de ces traitements informatiques. Ces descriptifs sont annexés aux procédures concernées.

Parallèlement à cet assemblage, on peut également procéder à des sondages de conformité. Ces travaux peuvent être confiés aux auditeurs internes de l'entreprise, qui vérifient que le descriptif est conforme à la réalité. En cas de divergence, les écarts sont examinés avec les rédacteurs et les responsables hiérarchiques. Il se peut en effet que l'opérateur ait simplement agi par méconnaissance, selon des habitudes non conformes à la norme en vigueur. Ce contrôle sert à corriger les ultimes erreurs de rédaction.

Pour finir, on procède à une relecture générale afin de contrôler les règles et principes méthodologiques prescrits. Toutefois, il faut se garder de vouloir apporter à ce stade des améliorations substantielles qui constitueraient implicitement une remise en chantier des procédures réelles. De telles évolutions seront menées de façon plus sûre après la diffusion des manuels.

La diffusion

Une fois ces ultimes vérifications terminées, la cellule projet doit se préoccuper d'assembler les volumes et de les diffuser. Cela représente encore un certain volume de travail. La compilation des procédures s'accompagne de la création de tous les documents qui encadrent les différents volumes : sommaire, présentation générale, index... (*cf.* chapitre 3.1 : L'architecture des manuels).

A moins que la question de la diffusion des procédures ait été définie fiche par fiche, la cellule doit établir, en accord avec les directions utilisatrices, la structure des volumes et leur niveau de diffusion. Il importe que tous les utilisateurs potentiels puissent avoir un accès facile et direct aux manuels qui les concernent. Les niveaux hiérarchiques supérieurs doivent aussi pouvoir disposer d'une vue plus large, incluant ce qui se passe au niveau des autres départements.

Cette liste de diffusion doit être impérativement enregistrée et suivie. Cette liste sert à informer des mises à jour. Elle constitue une partie intégrante du système de procédures. Celui-ci perdrait en effet automatiquement sa cohérence si les mises à jour ultérieures ne parvenaient pas aux intéressés.

La diffusion initiale des procédures peut réclamer un effort de pédagogie et de sensibilisation auprès des utilisateurs. Sa crédibilité suppose que cette première diffusion soit faite sous le sceau de la direction de l'entreprise. La sensibilisation vise à montrer l'importance que la direction accorde au nouvel outil de gestion. Elle doit aussi chercher à clarifier les enjeux et les obligations de mise en application des documents. Le texte de présentation générale des manuels peut lui-même comporter des indications, en particulier pour ce qui est des modalités de correction et de mise à jour.

La sensibilisation de l'entreprise peut nécessiter l'organisation de séminaires de courte durée s'adressant aux responsables de services. Une telle solution a l'avantage de permettre une réflexion collective sur la philosophie du contrôle, ainsi que sur les degrés d'autonomie qui doivent nécessairement être laissés aux opérateurs dans la mise en application des textes.

LA PROCÉDURE DES PROCÉDURES

Citons le cas de cette entreprise qui a poussé le soin à accompagner la diffusion de son nouveau manuel d'une « procédure d'utilisation des procédures » qui définissait les modalités d'utilisation, de contrôle et de mise à jour.

❸ **La Diffusion**

3.1 Edition des manuels

3.1.1 *Structuration des manuels*
3.1.2 *Listes de diffusion*
3.1.3 *Enregistrement sur site ou CD-Rom*

3.2 La mise en application

3.2.1 *Information des utilisateurs*
3.2.2 *Dispositif de mise à jour permanente*
3.2.3 *Mise en application progressive*

Dans un premier temps, l'application des procédures doit faire l'objet d'un suivi particulièrement attentif. Compte tenu des imperfections qu'elles peuvent comporter, cette période doit être conçue à l'image d'une phase de rodage. C'est à l'issue de ce rodage que l'on lancera les mises à jour et les premières améliorations substantielles. C'est également au terme de cette période que l'audit pourra exercer son rôle de contrôle systématique à partir des manuels.

LA NON-UTILISATION DES MANUELS

Rappelons les principales causes de pannes qui peuvent expliquer la non-utilisation des manuels par ceux à qui ils sont destinés :

– non participation des intéressés à la fabrication de l'outil,
– mauvaise diffusion des procédures,
– non intégration des manuels dans la formation,
– défauts de mise à jour.

5.3 LE DISPOSITIF PROCÉDURES

Le fichier permanent

Comme nous l'avions noté, la codification des procédures revient en fait, à la mise en place d'une base de données permanente sur les procédés de l'entreprise (*cf.* chapitre 2.4 : Un élément de structure). Faute d'une mise à jour régulière, les manuels deviennent vite irréalistes et obsolètes. L'investissement initial est alors perdu. L'intérêt d'un tel outil repose donc nécessairement sur sa mise à jour systématique et continue.

Il n'est pas toujours indispensable d'aborder la construction des procédures par le lancement d'un vaste projet. Bien souvent, il suffit de créer une structure qui est chargée de compiler la documentation existante, de définir des normes de formalisation, de diffuser des outils d'aide à la rédaction et de centraliser les éditions régulières de documents. Une telle solution serait souvent pratique et nettement plus économique. Malheureusement, il faut aussi compter avec le peu d'énergie accordée par les acteurs à la capitalisation écrite de leur savoir-faire. De ce point de vue, le projet-procédures est simplement une manière volontariste de lancer une dynamique de formalisation, qui n'existerait pas autrement.

On ne le soulignera jamais assez : la structure de gestion des procédures constitue le véritable pivot de l'outil. Sa valeur effective réside dans la gestion et la diffusion d'un fichier « vivant » des consignes écrites. Autrement dit, le manuel n'est pas constitué de son seul support écrit (papier ou informatique) mais aussi de la structure de gestion chargée de l'enregistrement, du suivi et de la diffusion de ce fichier.

> ✍ **Le Manuel de Procédures, c'est**
>
> *un support physique (papier, informatique)* **et** *une structure de gestion*

La nécessité de cet enregistrement centralisé de l'information est accrue aujourd'hui par la complexité industrielle. Parallèlement, la mise en place d'un tel dispositif est largement facilitée par les moyens bureautiques actuels. A noter que les versions successives d'une procédure doivent être conservées, par obligation légale. Elles font donc l'objet d'un archivage.

La gestion continue des procédures suppose l'existence d'une structure légère qui centralise toutes les propositions de mise à jour, leur mise en forme définitive et leur diffusion. Cette *structure procédures* prend en quelque sorte le relais de la cellule projet. Elle doit exercer une vigilance particulière sur l'adaptation pratique du formalisme et sur l'applicabilité des manuels, afin d'y apporter des améliorations progressives. A l'occasion, elle doit jouer un rôle de conseil vis-à-vis des opérateurs, dans la formalisation de leurs règles de travail. Il est notamment possible de créer une adresse spécialisée dans les messageries. Cette adresse permet de centraliser les questions d'utilisation et les propositions de mise à jour.

Il est indispensable qu'elle reste indépendante de toute structure de contrôle et notamment de l'audit. Il faut rappeler en effet que, selon une règle constante de la profession, la neutralité de l'auditeur exige qu'il n'intervienne pas dans la mise en forme des instructions et des règles qu'il est ensuite appelé à contrôler.

Les améliorations

La diffusion des manuels va rapidement déclencher des demandes d'amélioration de la part des utilisateurs. De plus, l'évolution des techniques et les contraintes du marché conduisent les entreprises à améliorer constamment leurs méthodes de travail. Les manuels vont alors servir de document de base pour procéder à des analyses de process et à des diagnostics en vue d'une amélioration.

N'importe quelle chaîne de production industrielle ou administrative peut faire l'objet d'une analyse de traitement. Ce type d'approche permet de mesurer les débits et les flux entre services, et de détecter des goulots d'étranglement ou des points d'attente.

Ce type d'analyse peut servir ensuite de support pour une réflexion conjointe des exploitants et des services méthodes en vue d'améliorer le process de production. Cette mise à plat peut mettre en évidence des opérations inutiles ou dont le coût est disproportionné par rapport à l'efficacité. On peut être amené à proposer des changements dans l'enchaînement des séquences ou à regrouper certaines opérations afin de réduire les délais d'attente et de transfert. Le reengineering consiste en un développement systématique de cette démarche.

🐾 LA PRODUCTION ADMINISTRATIVE

Lors d'une analyse de procédure administrative, on s'assure de la validité des traitements, de la pertinence des informations et de la cohérence des circuits. On peut vérifier que seule l'information nécessaire et suffisante est mobilisée. On recherche donc : quelle est l'information strictement utile aux opérateurs, si cette information leur parvient, si elle est suffisante, si elle arrive par le chemin le plus économique, si elle est redondante, si elle est fiable, si elle nécessite une vérification ou une confirmation préalable, etc. Il faut également s'interroger sur la qualité des supports : sont-ils adaptés pour véhiculer clairement l'information requise, avec le moins de risques d'erreurs possible, comportent-ils toutes les mentions indispensables, y a-t-il des mentions inutiles, des doubles emplois, etc. D'une manière générale, il faut chercher à limiter la prolifération spontanée des imprimés et à standardiser les présentations.

La mise à jour

Bien entendu, la procédure de mise à jour doit être rigoureuse. Le système perd tout son sens dès lors que l'on laisse en circulation des versions qui n'ont plus cours. Il convient donc de définir un circuit spécifique de préparation et de validation des nouvelles procédures.

Au plan de leur préparation, l'idéal reste encore de choisir des rédacteurs proches du terrain. Même si le contexte d'après-projet ne le permet pas aussi facilement, on a avantage à choisir des agents aussi près que possible des utilisateurs. Il n'est pas inutile de le répéter : le processus de rédaction doit être mené en étroite collaboration avec les exploitants.

Comme précédemment, l'émission d'une nouvelle version doit être précédée d'une validation. Elle est d'autant plus nécessaire qu'il faut vérifier que la modification demandée n'a pas de répercussions sur d'autres pièces du système. D'un point de vue pratique, les nouvelles fiches sont soumises à une série de signatures, comprenant les services concernés et leur hiérarchie. Ces visas, au-delà du contrôle de validité, engagent les utilisateurs. Enfin, de même que la diffusion initiale était précédée d'une note de la direction, chaque mise à jour doit être couverte d'un cachet de rang directorial. Connaissant la difficulté latente à faire valoir les règles, on conçoit la nécessité qu'il y a d'y mettre une « signature de poids ».

Chaque nouvelle version est numérotée. Ce numéro de version peut être strictement attaché à la procédure. Dans ce cas, il s'agit d'un chiffre propre à chaque procédure, qui complète son code d'identification. Il est aussi possible d'avoir un numéro chronologique commun à toutes les émissions de procédures. Dans ce cas, chaque fiche est identifiée simultanément par son code et par son numéro chronologique dans l'ordre général de parution. Quelle que soit la solution retenue, il est évidemment impératif de pouvoir identifier la version à laquelle on se réfère. Les anciennes versions doivent être archivées. La tenue d'une liste des « documents applicables » est elle-même une tâche délicate mais nécessaire.

SURNAGER DANS L'OCÉAN DES DIRECTIVES [3]

Dans l'entre-deux-guerres, les hauts fonctionnaires de la Défense nationale avaient mis au point un système d'index annuel pour gérer le suivi des règlements de l'armée. Chaque instruction était publiée simultanément dans trois tables différentes (ordre chronologique, alphabétique et thématique). Malheureusement, les militaires furent vite débordés par la loi du nombre. La table chronologique a cessé de paraître en 1932. Elle comportait alors 1 240 pages, citant quelque 17 000 instructions dont 14.000 étaient permanentes, soit onze fois plus qu'en 1929. La dernière table thématique a paru en 1937. Elle représentait 233 volumes. Quant à la table alphabétique, elle n'était plus publiée depuis 1916, bien que la règle qui l'instituait ait continué d'être rééditée.

Afin d'éviter un éclatement du catalogue des procédures, toute nouvelle fiche doit systématiquement correspondre à une ancienne fiche qu'elle remplace strictement et entièrement (à moins bien entendu qu'il s'agisse d'une création totalement nouvelle). Il n'est pas envisageable

---

3. M. MATHEU, « La gestion : une simple question de bon sens ? », *Op. cité.*

d'émettre une note qui se substituerait partiellement à une ou à plusieurs fiches existantes. Toute nouvelle émission doit donc comporter une mention explicite de remplacement. Il est cependant nécessaire de conserver en archive une trace des anciennes procédures pour des raisons légales.

✍️ **Le principe de substitution :**

« *La présente note n°yyyy annule et remplace la note n°xxxx.* »

🐪 DE VALPARAISO À REYKJAVIK

Les passagers des compagnies aériennes seront heureux de savoir que les manuels de maintenance des aéronefs sont soumis à une procédure très stricte de mise à jour. Un incident qui est découvert sur un appareil à Valparaiso peut déclencher une modification de la fiche de maintenance concernée. Celle-ci est diffusée dans le monde entier à toutes les compagnies exploitant ce type d'avion. Le lendemain, le mécanicien d'entretien de Reykjavik qui reçoit une mise à jour doit viser personnellement un bordereau de réception, classer la nouvelle fiche ainsi que le nouveau sommaire du manuel qui indique fiche par fiche les dates des dernières éditions. Des contrôles sont régulièrement effectués chez l'exploitant par le constructeur pour vérifier que ses manuels sont bien tenus.

L'audit

Ce n'est pas le lieu de traiter en détail les principes et les techniques de l'audit. De nombreux ouvrages théoriques et pratiques existent sur ce sujet (à titre de rappel, le tableau ci-après résume le déroulement de l'audit) [4]. On se contentera donc de noter quelques points relatifs à l'existence des manuels.

Leur présence tend à modifier la pratique des auditeurs. Dans une certaine mesure, la tâche de ces derniers se trouve facilitée pour prendre connaissance des règles et des méthodes de gestion, comme pour justifier les constats. L'existence d'une documentation écrite créée simultanément une contrainte. Elle constitue un engagement contractuel

---

4. En particulier, J. RENARD, *Théorie et pratique de l'audit*, Op. cité.

implicite pour la hiérarchie. L'auditeur doit lui-même s'y référer rigoureusement dans ses comptes rendus. Vues sous cet angle, les procédures
écrites sont également une protection pour l'auditeur. Elles contribuent
à neutraliser la tension sous-jacente à ses investigations critiques. En cas
de défectuosité, les acteurs peuvent réfléchir à une modification de procédures plutôt que de se retrancher dans des guerres d'auto-justification.

✍ **Le déroulement de l'audit**

- *Objectifs de la mission,*
- *Préparation du déroulement,*
- *Réunion préalable,*
- *Recueil des informations : entretiens, lecture des documents,*
- *Mise en évidence des écarts,*
- *Formulation des observations et réunion de clôture,*
- *Rapport provisoire,*
- *Exploitation et validation du rapport d'audit,*
- *Rapport définitif,*
- *Mise en place de mesures correctives.*

Il nous faut insister sur un point important pour la valeur des actions
de contrôle. Trop nombreux sont les rapports qui, au pire, se terminent
sur des remises en causes personnelles, au mieux, ne débouchent sur rien
de concret. L'essentiel d'une mission réside en fin de compte dans
l'exploitation du rapport, et dans les mesures qui doivent être proposées
et mises en œuvre par les services opérationnels afin de parer aux
carences constatées. Par principe, l'auditeur n'a pas à intervenir dans la
conception de ces solutions. Cependant, il doit s'assurer qu'une réponse
factuelle a été apportée aux problèmes qu'il a soulevés. Il s'agit également d'un aspect devenu classique dans les démarches qualité.

Les critiques personnalisées qui ressortent parfois des missions d'audit
doivent s'effacer devant l'importance de cet enjeu. Compte tenu de cet
objectif d'amélioration permanente des process de travail, l'auditeur doit
aussi se placer dans un cadre qui dépasse le simple respect des procédures. Le déroulement d'une activité embrasse de nombreux aspects

concomitants tels que l'existence de systèmes de sécurité, la formation des hommes, le style de management instauré, l'ergonomie des installations, etc.

La place accordée aux manuels au moment des contrôles peut susciter en fin de compte des réactions positives : afin d'anticiper sur d'éventuelles critiques, les utilisateurs se mettent à proposer eux-mêmes des modifications de procédures. L'audit devient alors un ressort important pour une actualisation dynamique des manuels.

Le kaizen, démarche de progrès continu

Au-delà des manuels et de l'audit, c'est l'ensemble de l'organisation qui peut progresser. Il s'agit de concourir à une démarche globale de progrès continu, à l'instar de ce qui est professé aujourd'hui dans le *kaizen* japonais. Cette approche, particulièrement développée dans l'industrie automobile, vise à une amélioration permanente des processus répétitifs à partir d'une analyse de l'ensemble des incidents et des malfaçons appréhendés sur le terrain. L'idée est de réduire constamment le nombre de défauts et de tendre vers un processus de production qui permette de « bien faire du premier coup ».

Certains pourront craindre qu'un haut niveau de standardisation nous ramène au stade d'un taylorisme primitif. L'existence de prescriptions formelles risque de tuer toute créativité et par conséquent l'intérêt intrinsèque du travail. A moins de souligner que ce qui distingue précisément une planification taylorienne de ce type de démarche tient au choix d'une large participation des intéressés à la production des procédures. Dans le premier cas, il existe une séparation nette entre ceux qui pensent et ceux qui exécutent. Dans l'autre, il s'agit de mobiliser le savoir-faire des opérateurs, d'animer un mouvement progressif d'amélioration des procédés et d'apprentissage collectif des solutions éprouvées. Au cercle vicieux d'une organisation coercitive (routines répétitives, imposition des consignes, réduction de l'initiative, démotivation, comportements improductifs, renforcement des règles,...), il faut tenter de substituer la dynamique d'une *organisation auto-apprenante*, où les compétences de chacun sont mises en valeur afin de concourir au confort de tous et à la qualité du résultat commun.

🐪 FAUT-IL CRAINDRE LE RETOUR DES TEMPS MODERNES ?

En 1982, General Motors doit fermer son usine de Fremont (Californie) qui a la réputation d'être la « plus mauvaise au monde » [5] : productivité et non-qualité catastrophiques, consommation élevée d'alcool et de stupéfiants parmi le personnel, absentéisme supérieur à 20 %, etc. L'usine a traversé des conflits sociaux particulièrement violents. La renommée du syndicat local a atteint un niveau national. En 1986, GM rouvre pourtant l'usine, mais conjointement avec Toyota. La direction japonaise choisit cependant d'associer largement la hiérarchie syndicale : 85 % des ouvriers sont d'ailleurs issus de l'ancienne usine. A fin 1986, la productivité et les standards qualité étaient parmi les plus élevés du groupe GM. La participation des agents au programme qualité est passée de 26 % en 1986, à 92 % en 1991. A cette époque, 90 % des employés se déclaraient « satisfaits » ou « très satisfaits » de leur travail, tandis que Toyota annonçait la création d'une nouvelle ligne de production, soit un investissement de 350 millions de $ et la création de 650 emplois.

Selon P.A. Adler, au-delà de l'application des méthodes d'inspiration japonaise déjà répandues aux U.S.A., ce succès s'explique par deux particularités du système mis en œuvre ici : une forte implication sociale de l'entreprise ainsi qu'une démarche intensive de *standardisation des procédures*. Les ouvriers ont été formés aux méthodes d'analyse et de description des postes de travail. Pour cet auteur, l'idée selon laquelle le réglage des procédures nuirait à la créativité repose sur une erreur de raisonnement : « Un cadre formel défini par des ingénieurs et imposé aux travailleurs est effectivement aliénant. Mais des procédures conçues par les opérateurs eux-mêmes, dans une recherche constante et réussie d'amélioration du rendement, de la qualité, des compétences et de l'intelligence des procédés, arrive à humaniser les formes bureaucratiques les plus réglées. [...] Les ouvriers, impliqués dans la définition de leur travail et dans son suivi, voient leur satisfaction professionnelle et leur motivation accrues, ce qui impose d'ailleurs à l'encadrement, un rééquilibrage de son pouvoir en leur faveur. »

Lors d'une enquête, un ouvrier rapporte qu'il lui arrive de faire une centaine de croquis avant de trouver le bon. Une femme, affectée à l'atelier carrosserie, raconte qu'elle a appliqué les techniques d'analyse du kaizen à l'aménagement de sa propre cuisine. Enfin, un autre agent raconte qu'il n'a pas résisté au plaisir de laisser sa carte de visite sur le pare-brise d'une voiture en ville, pour indiquer au propriétaire qu'il avait travaillé à sa fabrication.

5. P. S. ADLER, « Time-and-Motion Regained », *Harvard Business Review*, Jan.-Fév. 1993.

Le terme kaizen, dans sa langue d'origine, représente l'idée d'une amélioration continue de la vie personnelle, domestique, sociale et professionnelle[6]. Appliquée au lieu de travail, elle signifie une amélioration qui englobe tout le monde, incluant aussi bien les cadres et les employés que les dirigeants.

---

6. M. IMAI, *Kaizen*, Editions Eyrolles, Paris, 1992.

6. UN OBJET POLITIQUE

Arrivé au terme de ce parcours, il nous reste à souhaiter bonne chance au lecteur qui va se lancer à son tour dans un exercice d'analyse et de rédaction. Mais auparavant, nous voudrions souligner les enjeux humains d'un tel travail : ses conditions de faisabilité relèvent d'une lecture politique de l'entreprise.

Nous l'avons vu, pour arriver à fabriquer une simple allumette – à la fois solide et craquante –, ou encore un petit morceau de sucre – d'un blanc bien cristallin –, il faut relier de manière organisée, des machines, des hommes et des savoir-faire impersonnels. Pour faire fonctionner une machine, il faut se conformer à des connaissances élaborées et ordonnées par de lointains inconnus. Pour produire et vendre un bien industriel, il faut instaurer une collaboration fructueuse entre des agents qui n'ont généralement pas de liens personnels. Ce n'est pas vraiment surprenant : les aspects techniques et les aspects humains sont étroitement imbriqués [1].

L'organisation, c'est, entre autres choses, l'art de pallier les faiblesses naturelles des individus. Le *manuel de procédures*, descendant commun des calculs de l'ingénieur et du registre des comptables, est un vecteur de modernisation des sociétés. Il doit être avant tout une aide pour les acteurs. Permettant de capitaliser, puis de partager des connaissances

---

[1]. F. PAVÉ, *L'illusion informaticienne*, Logiques sociales, L'Harmattan, 1989, et du même auteur, « L'inéluctable dimension politique des systèmes de production », in *Les nouvelles rationalisations de la production*, (dir.) G. DE TERSSAC et P. DUBOIS, Cépaduès Ed., 1992.

objectives et impersonnelles, il peut utilement contribuer à la production techniquement organisée des biens et des services.

Face à certaines réticences, nous renvoyons le lecteur à cet avertissement que Tocqueville adressait autrefois aux sociétés démocratiques[2] : « Les hommes qui vivent dans les siècles démocratiques ne comprennent pas aisément l'utilité des formes ; ils ressentent un dédain instinctif pour elles. [...] Ils s'élancent impétueusement vers l'objet de chacun de leurs désirs ; les moindres délais les désespèrent. Ce tempérament qu'ils transportent dans la vie politique, les indisposent contre les formes qui les retardent ou les arrêtent chaque jour dans quelques-uns de leurs desseins. Cet inconvénient que les hommes des démocraties trouvent aux formes est pourtant ce qui rend ces dernières si utiles à la liberté, leur principal mérite étant de servir de barrière entre le fort et le faible, le gouvernant et le gouverné, de retarder l'un et de donner à l'autre le temps de se reconnaître. [...] Cela mérite une attention très sérieuse. »

Toutefois, il faut se garder d'une vision magique. L'information n'est pas une matière inerte. Les procédures font partie du tissu vivant de l'entreprise. Leur rôle dépend de ceux qui vont s'en servir. L'attrait éventuel des manuels découle de ce qu'ils répondent ou non aux attentes pratiques ainsi qu'aux goûts des utilisateurs. On l'a vu, ces attentes, et aussi ces goûts, varient sensiblement d'une usine à l'autre, d'un service à l'autre, d'une contrée à l'autre. Pour s'assurer d'une adéquation à la demande, il n'est donc pas d'autre solution que d'associer largement les utilisateurs locaux. C'est là un point essentiel que nous n'avons cessé de souligner.

La valeur des manuels est aussi liée à la signification qu'ils prennent dans le milieu social concerné. Ils peuvent fournir une réponse à des attentes diverses. Ils peuvent donner une vue d'ensemble sur la finalité des actions demandées à chacun ; ils peuvent constituer un point d'ancrage, aidant chacun à situer l'importance ou la nature des réalités qui l'entourent ; ils peuvent répondre à un besoin irréductible de sécurité, protégeant les uns et les autres contre les erreurs et les oublis ; ils peuvent, dans certaines circonstances, être perçus comme un dispositif

---

2. TOCQUEVILLE, *De la Démocratie en Amérique*, Flammarion, 1981.

qui délimite la marge de manoeuvre des acteurs, afin de préserver leurs champs d'action et de contribuer indirectement à un meilleur respect de leur autonomie ; inversement, leur pouvoir limitant peut constituer un obstacle aux yeux de ceux qui se considéreraient ainsi assujettis.

Toute production d'information a un coût. Ce coût est en particulier celui de l'effort qui est nécessaire pour rechercher, pour trier, pour stocker et ultérieurement pour retrouver cette information[3]. Nous avons examiné ici les opérations correspondantes d'inventaire, d'enquête, d'analyse, de codification, de rédaction, d'assemblage, de diffusion et enfin d'actualisation. Bien que d'un point de vue strictement rationnel, le partage d'information soit rentable, il peut s'avérer bien hypothétique de vouloir engager les intéressés dans des tâches de tri, d'enregistrement ou de stockage lorsqu'elles sont perçues comme « non nobles »[4].

Ainsi, les manuels peuvent être vus tour à tour, comme un instrument d'asservissement, comme un dispositif de protection, comme un support de régulation sociale, comme un outil de rationalisation, comme un signe de technicité, etc. Leur valeur n'est jamais indépendante du contexte dans lequel ils sont lus, des réseaux d'identité professionnelle, des systèmes de valeurs internes, etc.

L'efficacité des procédures dépend encore de l'équilibre des relations qui prévalent entre les acteurs à qui elles sont destinées. L'entreprise ne saurait être assimilée à une machine. Elle est plutôt un composé humain. Au-delà des efforts de standardisation, son dynamisme se nourrit également du sens de l'initiative. L'efficacité des organisations résulte d'un équilibre, sans cesse instable, entre la norme et l'innovation, entre les règles et l'autonomie des partenaires.

L'image du « facteur humain », maillon faible, qui s'oppose à la fiabilité des processus est une illusion répandue. La fiabilité d'un processus tient d'abord à l'action des hommes. En effet, elle repose d'abord sur la qualité des équipes qui exécutent les consignes et qui aident à en

---

3. B. VACHER, « Du concept au carton ou comment retrouver ses papiers », *Gérer et Comprendre, Annales des Mines*, n° 33, Décembre 1993.
4. Ph. D'IRIBARNE, *La logique de l'honneur*, Seuil, 1989.

améliorer la formulation. Or cette collaboration est sensible à l'ambiance de travail et à la reconnaissance dont le personnel se sent l'objet. « Quand l'atmosphère de travail est lourde, que les rapports de pouvoir inhibent la communication et que les procès d'intention fusent facilement, cela nuit aux échanges et à la coopération »[5]. Une thèse récente sur la sûreté nucléaire a montré que l'homme est le premier facteur de sûreté[6] : l'application des consignes s'articule avec le savoir-faire des équipes. Et le développement de ce savoir-faire dépend de la qualité de la vie collective. Cette qualité de vie est nécessaire pour inciter les acteurs à discuter les procédures, à en transmettre le contenu aux plus jeunes et à contribuer à leur amélioration. Pareille analyse est partagée au plus haut niveau comme le montre un communiqué du 28 septembre 2000 du directeur de la sûreté des installations nucléaires, mettant une centrale nucléaire sous « surveillance renforcée », en rappelant que « la rigueur de l'exploitation et la qualité des relations de travail constituent deux des aspects essentiels permettant à l'Autorité de sûreté nucléaire d'apprécier la sûreté d'un site nucléaire. »

Les procédures découlent d'un découpage des process en segments élémentaires, d'une analyse quasi mécanique du travail. Elles pourraient apparaître comme un acte outrancier de taylorisme. A moins qu'à la différence de cette conception des organisations, les travaux d'analyse et de formalisation soient confiés aux acteurs eux-mêmes. Ce qui peut distinguer en profondeur une approche procédurale d'une normalisation taylorienne (et de sa prétention scientifique), c'est que l'on y évite précisément d'y séparer la main qui exécute et le cerveau qui conçoit. La tête et les bras appartiennent ici à un même corps. La participation des intéressés à la réalisation de leur propre système représente un enjeu stratégique essentiel.

D'une manière générale, depuis le moment de la mise en chantier jusqu'à celui de leur application, les procédures font surgir des enjeux de pouvoir[7].

5. M. BERRY, « L'homme, facteur de sûreté », *La Gazette de la société et des techniques*, Annales des Mines, mars 2001.
6. B. JOURNÉ, *Les organisations complexes à risques : gérer la sûreté par les ressources, étude de situation de conduite des centrales nucléaires*, Thèse de l'Ecole Polytechnique, 1999.
7. M. MOULET, *Le management clandestin*, Interéditions, Paris, 1993.

D'un côté, la standardisation et la diffusion des règles opératoires répondent à un besoin de transparence, souvent exprimé par les membres des entreprises. D'un autre côté, il faut prendre garde au rêve chimérique d'une maison de verre. Il risque de se révéler plus nuisible qu'utile. La liberté des acteurs ne peut se passer d'une certaine opacité. Les excès de transparence conduisent, on le sait, à des mondes absurdes. Les individus finissent d'ailleurs par reconstruire des pratiques clandestines qui préservent leur capacité d'initiative.

Dans tout travail d'organisation, il faut donc avancer de manière réfléchie. L'idée d'une formalisation des procédures peut ne pas enthousiasmer certains.

D'aucuns verront d'un mauvais oeil un projet qui sert à dévoiler leurs tours de main ou leurs secrets. Pareille idée comporte à leurs yeux d'importants risques de pertes.

Ceux qui sont moins bien placés dans l'organisation peuvent craindre de lâcher les zones d'ombres, ultimes retranchements qui les protègent d'une incursion hiérarchique jugée par eux excessive. Pourtant, ils pourraient y gagner en lisibilité du système et en capacité à obtenir plus de coopération horizontale ou verticale. Ils pourraient donc y voir aussi une forme de progrès démocratique. Toutefois, leur adhésion reste problématique. Elle dépend des garanties qui leur seront apportées quant à la volonté hiérarchique d'instaurer une égalité dans la transparence. Elle suppose donc un engagement visible et légitime de la tête de l'organisation.

Quant à ceux qui occupent des fonctions nobles, ils peuvent craindre de se voir dépossédés d'une part de leurs pouvoirs d'arbitrage. Ils risquent de ne pas collaborer à cette diffusion de connaissances parfois triviales, qui font leur prestige. Malgré, ou justement à cause des avantages pédagogiques qui en découlent, ils risquent d'opposer une résistance à la perte de ce qui fait une part de leur suprématie.

Une des réactions fréquentes consiste alors en la production de documents ésotériques qui veulent se parer d'une apparence scientifique. Il semble que le latin de cuisine n'a jamais autant prospéré que dans ces organisations que nous disons « modernes ». Les *sçavantissimi doctores*, chers à Molière, sont toujours présents. On devine pourtant que leur galimatias, au-delà de quelques vertus rituelles, ne fait que rajouter à l'opacité des systèmes. Ce risque est courant. Il convient d'y prêter attention. Or, des documents hermétiques et peu représentatifs de la réalité sont, pour le coup, contraires à l'équité. Ils peuvent simplement être dommageables pour la sécurité du groupe.

Quelles que soient les belles idées de leurs concepteurs, les procédures sont faites pour être relues, déformées et réinterprétées par les opérateurs. Elles ne peuvent qu'évoluer sous l'effet quotidien des réalités. La formalisation des procédures, entre transparence et opacité, entre loyauté et malhonnêteté, entre rigidité et initiative, entre autoritarisme et anarchie, fait apparaître des enjeux politiques, au sens noble du terme. Le résultat final sera jugé à sa popularité. Il doit aussi être continuement amélioré.

La mise en œuvre d'une opération de rédaction des procédures réclame une démarche prudente et réfléchie. Elle suppose une large participation des intéressés. Elle repose simultanément sur l'engagement et la responsabilisation du sommet de l'organisation[8]. La participation des intéressés et la mobilisation énergique du sommet, loin d'être contradictoires, se complètent. Elles sont les conditions simultanées d'un tel projet.

---

8. E. FRIEDBERG, *Le pouvoir et la règle, dynamiques de l'action organisée*, Seuil, Paris, 1993.

Seconde partie

EXEMPLES ET ILLUSTRATIONS

| ILLUSIONS | Mise en place des clips et des vibrateurs | p.5 |

Câble ILL/10
vibrateurs jambe droite

Câble ILL/11
vibrateurs jambe gauche

Code couleur pour les
clips et les vibrateurs :

jaune : derrière
bleu : devant

noir : genou

Ordre de pose des
vibrateurs

1. devant
2. derrière, juste
au dessus de
la sangle du premier

Mettre en place le câble jambe gauche
• Connecter le câble ILL/11 au connecteur 04 du boîtier
• Mettre en place les 2 vibrateurs selon le code couleur

Mettre en place le câble jambe droite
• Connecter le câble ILL/10 au connecteur 07 du boîtier électronique
• Mettre en place les 2 vibrateurs selon le code couleur

Connecter les clips
• 9 clips sur la jambe droite et 4 sur le bras gauche, suivant le code
couleur

Alimentation 01

Bras/nuque ILL/12 — 02

Plate-forme 03

Jambe gauche — ILL/11 — 04

05 — ILL/15 — Masque

06 — ILL/14 — Enregistreur

07 — ILL/10 — Jambe droite

Jambe gauche
câble ILL/11

Jambe droite
câble ILL/10

Les connections des 2 câbles des jambes sont réalisées lors de la 1re séance puis ces
câbles restent connectés au boîtier électronique.

© 1992 Cnes - Projet Antares / Christol Consultants

Tableau 1 : Procédure de vol spatial
Source : T. Pasdeloup, *Les procédures de vol*, in *Performances Humaines & Techniques*, n° 67-68,
nov. 1993.

🏳	Direction **Commerciale**	Service **Agences**	Classement n° C 016 DD	Page 1 / 1
Périodicité permanente	Procédure **Demande d'abonnement**		Date : 15 / 06 / 94	
			Rédacteur : M. Durand	

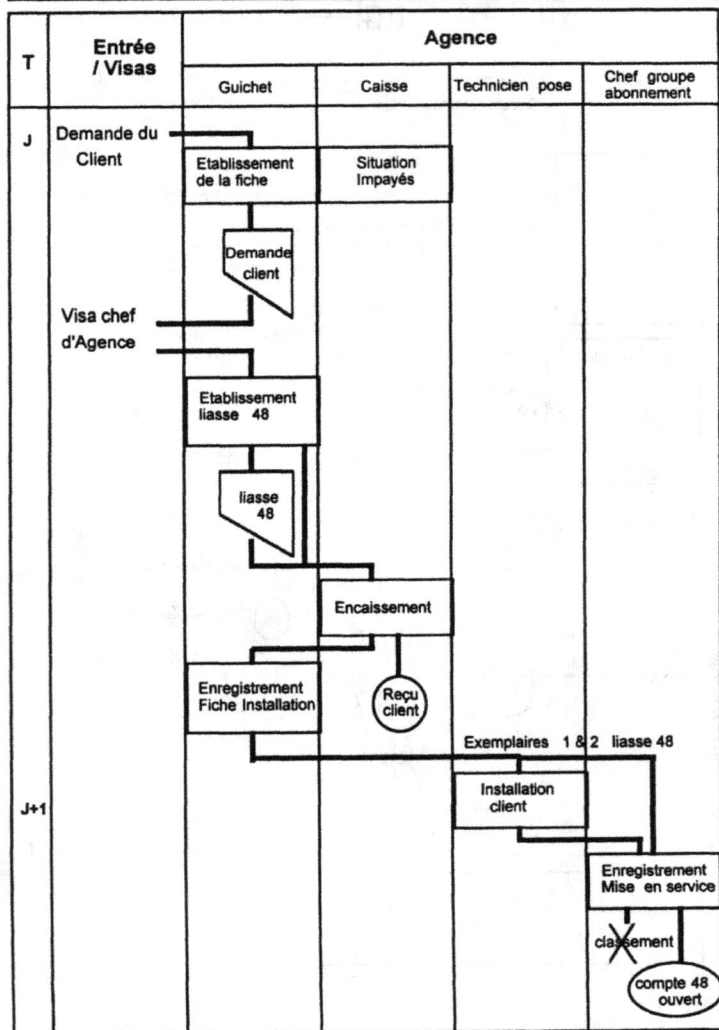

T	Entrée / Visas	Agence			
		Guichet	Caisse	Technicien pose	Chef groupe abonnement
J	Demande du Client	Etablissement de la fiche	Situation Impayés		
		Demande client			
	Visa chef d'Agence				
		Etablissement liasse 48			
		liasse 48			
			Encaissement		
		Enregistrement Fiche Installation	Reçu client		
				Exemplaires 1 & 2 liasse 48	
J+1				Installation client	
					Enregistrement Mise en service
					classement
					compte 48 ouvert

Tableau 2 : Diagramme de flux   Abonnement d'un client

⚑	Direction **Commerciale**	Service **Agences**	Classement n° C 016 DD	Page 1 / 6
Périodicité permanente	Procédure **Demande d'abonnement**		Date : 15 / 06 / 94	
			Rédacteur : M. Durand	

Postes	Tâches	Références
Guichet	**Etablissement de la fiche : " demande client "** ☐ Vérifier que le client possède : ♦ un justificatif de domicile : contrat bail s'il est locataire contrat de vente ou devis travaux s'il est propriétaire, ♦ sa carte nationale d'identité ou son passeport, ♦ son numéro d'installation (à relever par le client sur son installation à domicile). *S'il manque un de ces éléments, demander au client de bien vouloir repasser avec la totalité de ceux-ci (lui fournir la liste).* ☐ Etablir la fiche de demande d'abonnement, en remplissant les données du bordereau " demande client " : - Nom et adresse du nouvel abonné, - Zone de résidence, - Numéro d'installation, - Type d'installation (confort ou "service plus"), - Nom de l'abonné précédent. ☐ Attribuer un numéro de compte (parmi ceux qui sont disponibles sur le fichier " comptes libres "). *Vérifier la situation des impayés auprès du caissier.*	" Demande Client " Bordereau n° 2016 A
Caissier	**Situation des impayés** ☐ Rechercher dans le fichier des quittances si l'abonné précédent a des impayés. Si c'est le cas, reporter le montant correspondant sur la fiche d'abonnement. ☐ Rendre la fiche à l'employé du guichet.	
Guichet	**Etablissement de la "demande client"** ☐ Faire signer la fiche par le responsable de groupe abonnement ou par le chef d'agence. ☐ Si l'abonné précédent et le demandeur sont la même personne, lui faire confirmer sa demande de remise en service et demander le montant en impayés.	

Tableau 3 : Fiche de tâches   Abonnement d'un client

⚑	**A. TENUE DES COMPTES**	28/04/1994
	2. Paiement des intérêts	10 1
	a. Intérêts capitalisés	**A.2a - 2/4**

Cycle	Div. Courrier	Applic. Cte Courant	Div. Comptabilité	Applic. Gestion Prêts

le 30 de chaque mois

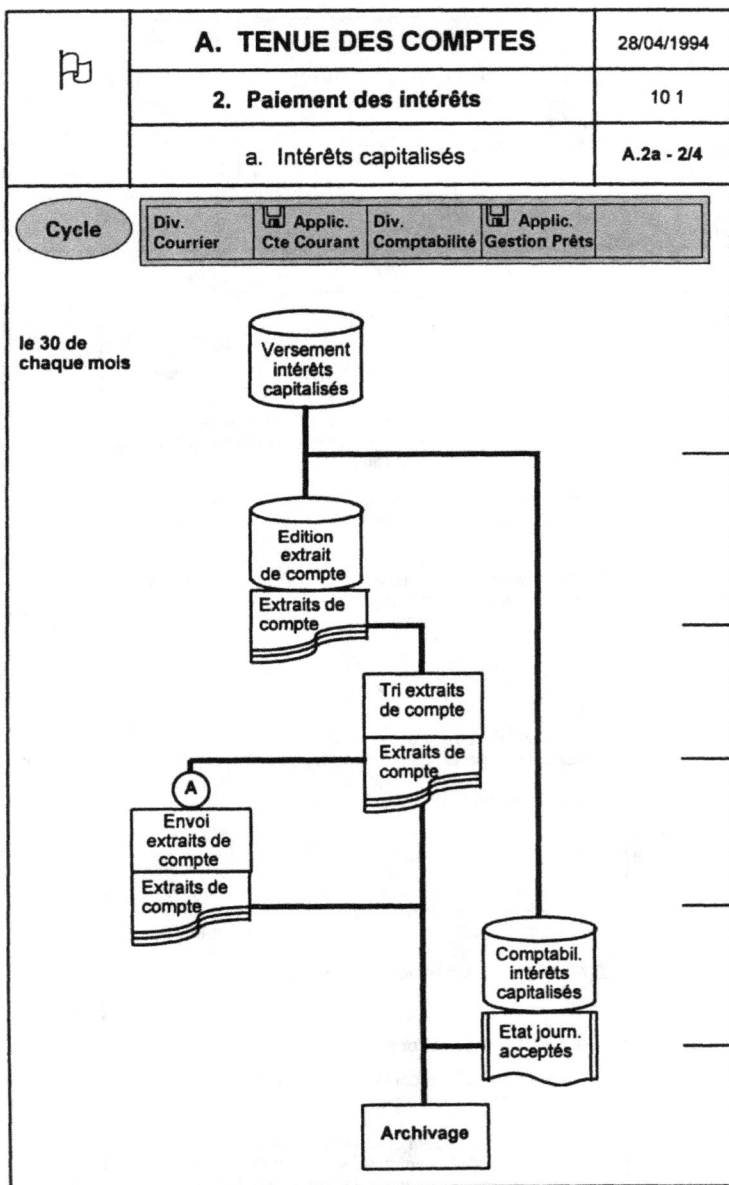

Tableau 4 (a) : Diagramme de flux détaillé
Source : Cabinet Orgaconseil.

Calcul d'intérêts

⊡	**A. TENUE DES COMPTES**	28/04/1994
	2. Paiement des intérêts	10 1
	a. Intérêts capitalisés	**A.2a - 2/4**

DESCRIPTIF DES TACHES

Après le calcul des intérêts, le traitement "VERSE" exécute les opérations suivantes :
- Versement automatique des intérêts dus sur le compte du déposant ; intérêts et capital se cumulent pour servir de base au calcul des intérêts pour la période suivante.
- Préparation de l'alimentation de l'application "Gestion Prêts",
- Préparation de l'édition des extraits de compte.

L'extrait de compte est édité en 4 exemplaires, accompagné de l'échelle d'intérêts. Il retrace les mouvements effectués sur le compte courant.

"Div. Comptabilité" centralise tous les extraits de compte sur lesquels un mouvement a été effectué. Les extraits de compte sont triés en fonction des destinataires.

Un exemplaire de l'extrait de compte (avec échelle d'intérêts) est envoyé au client. Un exemplaire portant le numéro d'enregistrement attribué par la "Div. Courrier" est retourné à "Div. Comptabilité".
Deux exemplaires sont conservés par la "Div. Courrier".

Les intérêts versés par capitalisation sont comptabilisés automatiquement par interface dans l'application "Gestion Prêts".

cf fiche technique A : SCHEMA COMPTABLE PAIEMENT PAR CAPITALISATION

L'archivage des documents et des pièces comptables est effectué conformément à la réglementation (conservés au minimum 10 ans).

Tableau 4 (b) : Diagramme de flux détail   Calcul d'intérêts
Source : Cabinet Orgaconseil.

	Direction	Service	Classement	1/1
☐	**Organisation**	**Méthodes**	**D0M002**	
	Procédure			
	Rédaction des fiches procédures		Rédacteur : M.Dubois	

QUI	QUOI	QUAND
COMITE DE PILOTAGE	☐ Valider le dispositif et les options générales.	Bimestriel

CELLULE PROJET	☐ Assurer la coordination générale du projet et en suivre l'avancement.
	☐ Réaliser les travaux préparatoires :
	    ◆ animation de la réflexion préalable
	    ◆ sécrétariat des réunions,
	    ◆ recherche d'un éventuel consultant,
	    ◆ organisation de séminaires de formation pour les formateurs,
	    ◆ préparation des supports type,
	    ◆ élaboration et diffusion d'un lexique.
	
	☐ Accompagner et animer le travail des rédacteurs.
	☐ Vérifier la cohérence globale et reconstituer les processus.
	☐ Diffuser périodiquement la liste des procédures.
	☐ Rédiger et diffuser périodiquement un glossaire.
	☐ Informer le comité de pilotage.
		Périodique et à la demande

REDACTEURS	☐ Interviewer le responsable de l'équipe. ☐ Interviewer les utilisateurs. ☐ Analyser la procédure. ☐ Rédiger le flow chart et les fiches de tâche. ☐ Valider auprès des utilisateurs. ☐ Procéder aux ajustements. ☐ Transmettre à la cellule projet pour validation.	Planning équipe projet
CONSULTANT	☐ Définir la démarche et les concepts. ☐ Vérifier la qualité des projets. ☐ Proposer des actions correctives. ☐ Appuyer la cellule projet.	Sur demande des rédacteurs

Tableau 5 : Fiche de tâches simplifiée   Rédaction de projet de procédure

	Procédure		Classement	1/1
🏳	**Conduite du projet procédures**		**DOM 001**	
			Date : 17/ 04 /98	

T	Pilotage	Administrateur	Groupe procédures	Rédacteurs	Directeur général
	Pilotage du projet	Secrétariat gr. procédures	Formalise procédures	Mise au propre et rédaction détaillée	Valide et engage

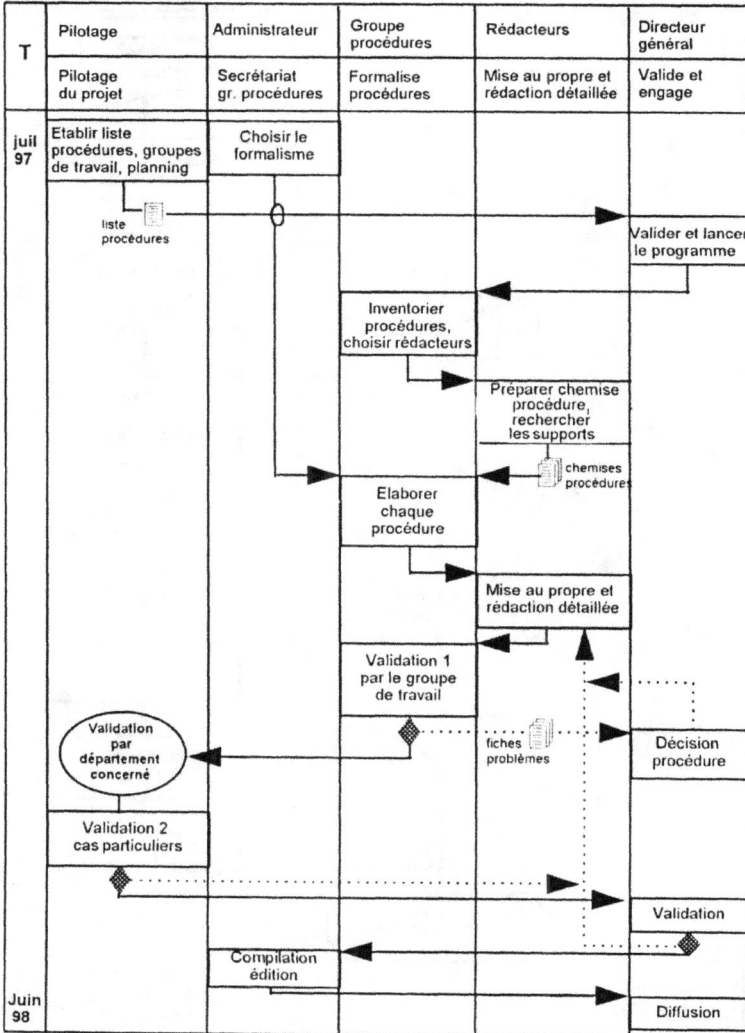

Tableau 6 : Fiche de procédure simplifiée   Conduite du projet procédures

ㄖ	Direction **Entretien**	Service **mécanique**	Classement n° E.M. 001	1 / 1
Périodicité sur incident	Procédure **Traitement des pannes**		Date : 15 / 06 / 94	
			Rédacteur : M. Durand	

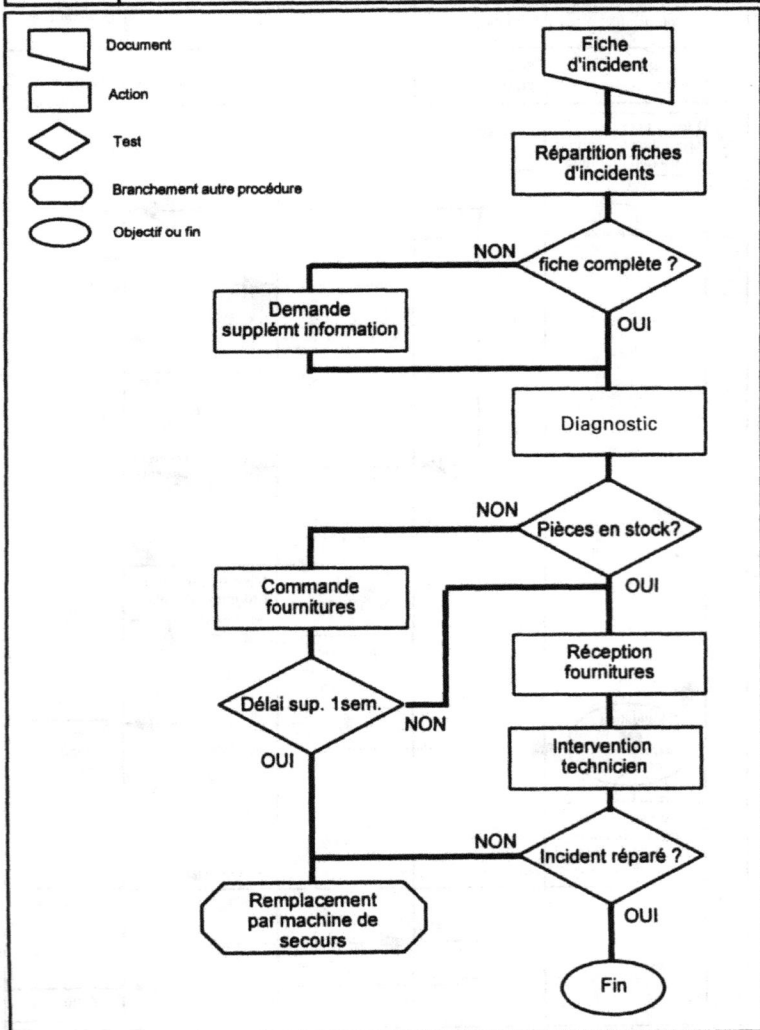

Tableau 7 : Ordinogramme   Intervention sur pannes

⚑	**MOTEURS MX 707 / 711**	**Fiche : 52.032 / 1**
	Désassemblage et Contrôle du Piston	Version : 15 / 06 / 94

OUTILLAGE A PREPARER   N°

1 pince à segments	032.004
1 dispositif de blocage	034.007
1 pince pour circlips	005.015
1 réducteur 18 x 8,5	005.154
1 rallonge 18 x 500	005.531
1 poignée en T	005.532
1 cliquet	005.110
1 douille ouverture 30 x 18	005.548
1 jauge d'épaisseur 0,1-0,9	005.785

1 jeu de clés plates
fiche de travail 52.081

LEGENDE

   5 Partie supérieure du piston
  11 Partie inférieure du piston
  13 Circlips

ENTRETIEN

Le désassemblage et le contrôle des pistons est à faire en suivant les périodicités d'entretien (voir programme d'entretien f. 52.002). Normalement, les segments ne doivent pas être démontés lors des révisions courantes (les démontages et remontages entraînent de fortes contraintes).

Les segments de compression doivent être changés toutes les 12.000 heures de marche.

Contrôler systématiquement l'état de lubrification des pistons et des chemises des cylindres.

OPERATIONS

Le piston et la bielle sont déposés sur un support en bois adapté. La bielle est bloquée au moyen du dispositif de blocage (protection du piston) : voir figure.

1. Contrôler l'état général du piston et des segments.

La surface du piston ne doit pas présenter de rayures ou de défauts de surface. Des traces de grippage importantes sont le signe d'une surcharge du moteur, d'un refroidissement interrompu, d'un mauvais graissage ou de la présence corps étrangers entre le piston et la chemise de cylindre.

2. Nettoyage des dépôts de la surface du piston : nettoyer soigneusement la portée en veillant à ne pas rayer la tête de piston.

3. Mesurer le jeu des segments : relever le jeu des segments dans leur gorge et et noter les valeurs sur la fiche de travail (52.081).

voir suite ./..

Tableau 8 : Fiche d'opération technique   Entretien de moteur diesel

MOTEURS MX 707 / 711	Segments de piston	024		Moteur N° : 05			Date	

Mesures des jeux des segments placés à l'occasion de la révision

Moteur N° : 05
Révision : 10.000 h.
Nbre heures : 9.883
Date : 15.06.94

Observations Opérateur :

Changement de tous les segments coup de feu et racleur d'huile.. Changement segment de compression no 2 sur le piston 7 (traces)

Intitulé		P1	P2	P3	P4	P5	P6	P7	P8	P9
Segment Coup de feu	A	10,30	10,29	10,28	10,28	10,28	10,30	10,28	10,31	10,30
	B	0,36	0,36	0,35	0,36	0,36	0,34	0,36	0,35	0,38
	C	8,83	8,84	8,85	8,84	8,84	8,84	8,86	8,83	8,85
	M	-	-	-	-	-	-	-	-	-
Segment de compres. n° 1	A									
	D									
	E									
	M									
Segment de compres. n° 2	F							10,14		
	G							0,15		
	E							9,99		
	M							-		
Segment racleur d'huile	J	16,05	16,05	16,08	16,08	16,06	16,05	16,05	16,06	16,06
	K	0,13	0,12	0,13	0,13	0,14	0,14	0,13	0,12	0,13
	L	15,93	15,93	15,95	15,94	15,94	15,93	15,92	15,92	15,95
	M	-	-	-	-	-	-	-	-	-

Tableau 9 : Carte de contrôle   Entretien moteur diesel

⚑	Contrôle Qualité	VEHICULE ABX 14
	Contrôle Défauts Carrosserie	Fi. 32.40.02

En cas de défaut, cocher la case correspondante en indiquant en face le motif du défaut et les observations constatées sur la carrosserie ou sur le soubassement.

Joindre la fiche complétée à la " pochette véhicule " puis transmettre à l'auditeur.

1	☐	13	☐
2	☐	14	☐
3	☐	15	☐
4	☐	16	☐
5	☐	17	☐
6	☐	18	☐
7	☐	19	☐
8	☐	20	☐
9	☐	21	☐
10	☐	22	☐
11	☐	23	☐
12	☐	24	☐

Tableau 10 : Fiche suiveuse　　　　Contrôle chaîne d'assemblage

🏴	**CONSIGNES DE CONDUITE**		**Arrêt 14 / A3**
	Refroidissement du Réacteur		**Version :** 15 / 06 / 94

Condenseur Disponible	Température supérieure à 284°C	Opérations	Référence
OUI	OUI	→ Etablir le contournement turbine	GCT 503 CC
		→ Refroidir par le condenseur	GCT 501 CR
	NON	→ Etablir le contournement turbine	GCT 503 CC
		→ Déverrouiller les deux vannes primaires	GCT 503 CC GCT 502 CC
		→ Refroidir par le condenseur	GCT 501 CR
NON	Indifférent	→ Refroidir par rejet de vapeur à l'atmosphère	SG1 SG2 SG3 / 131W 132W 133W / 403R 406R 409R

voir suite ./..

Tableau 11 : Procédure d'urgence   Conduite de process
Source : J.-L. NICOLET, J. COLIER, *La fiabilité humaine dans l'entreprise*, Masson 1990.

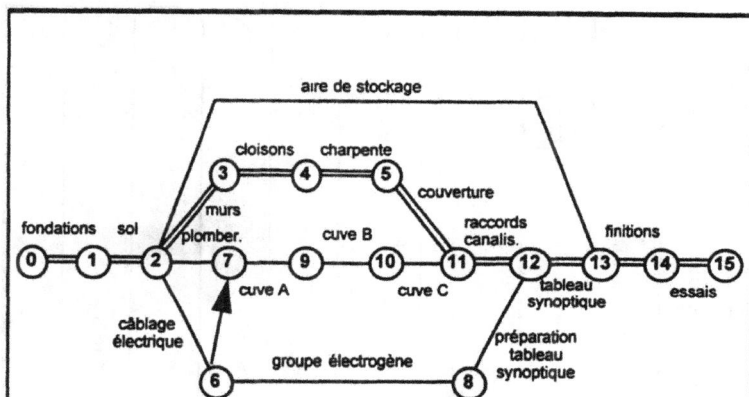

Le chemin critique (cc dans le tableau) est indiqué en double trait. C'est le chemin le plus long entre le début et la fin du projet. Il détermine la durée globale d'exécution du projet. C'est aussi celui sur lequel la marge totale est la plus faible. La flèche indique une contrainte d'antériorité.

(semaines)

Tâches	Durée	Début au		Fin au		Marge
		Plus tôt	Plus tard	Plus tôt	Plus tard	
0 - 1	2	0	0	2	2	cc
1 - 2	3	2	2	5	5	cc
2 - 3	2	5	5	7	7	cc
3 - 4	1	7	7	8	8	cc
4 - 5	2	8	8	10	10	cc
5 - 11	3	10	10	13	13	cc
2 - 6	1	5	11	6	12	6
2 - 7	2	5	8	7	10	3
2 - 13	2	5	13	7	15	8
7 - 9	1	7	10	8	11	3
9 - 10	1	8	11	9	12	3
10 - 11	1	9	12	10	13	3
11 - 12	1	13	13	14	14	cc
6 - 7	0	6	12	6	12	6
6 - 8	1	6	12	7	13	6
8 - 12	1	7	13	8	14	6
12 - 13	1	14	14	15	15	cc
13 - 14	3	15	15	18	18	cc
14 - 15	1	18	18	19	19	cc

Tableau 12 : Planning PERT   Montage d'une usine

DOSSIER DE PROCEDURE

N° CO12DCO   Titre : DEMANDE D'ABONNEMENT

Direction	Service	Rédacteur
Commerciale	Agences	M. Durand

Evénement Déclenchant : demande d'abonnement du client

Résultat : ouverture du compte du client

Périodicité : permanente

Postes concernés	Observations
Guichet	
Caisse	
Technicien de pose	
Chef groupe abonnement	

LISTE DES SUPPORTS UTILISES (1)	Références
Imprimés	
Demande d'abonnement	bordereau 2016A
Etats Informatiques	
Fichiers	
fichier des comptes	
fichier des quittances	

(1) Joindre au dossier une copie de chaque document

Tableau 13 : Dossier Procédure (1ʳᵉ et 4ᵉ de couverture)

🗐	LISTE CLASSEE DES PROCEDURES

Gestion Clientèle

ABONNEMENT
Demande d'abonnement.. C012DCO
Prise en compte d'un abonnement...................... C013DCO
Modification d'un contrat...................................... C014DCO

CAISSE
Contrôle de caisse.. C041DCO
Encaissement d'un acompte................................ C031DCO
Encaissement sur factures.................................. C032DCO
Encaissement travaux divers.............................. C033DCO
Remboursement d'un avoir.................................. C034DCO
Remboursement d'un acompte............................ C035DCO

CRÉDIT
Demande de crédit sur installation...................... C022DCO
Etude de la demande de crédit............................ C023DCO
Traites sur crédit.. C024DCO
Suivi du portefeuille crédit.................................. C025DCO
Encaissement des traites..................................... C026DFC

DOMICILIATIONS
Demande de domiciliation bancaire...................... C017DCO
Gestion des clients domiciliés............................. C018DFC
Résiliation d'une domiciliation............................. C019DCO

DOSSIER CLIENT
Ouverture d'un dossier clien
Contrôle des dossier
Fermeture d'u
Archiva

FACTURATION

...URES

...ce Groupes

		N°	Date
...ection	**32-01**		
	Description	32-01-01	01/91
	Recherche de panne	32-01-02	01/91
	Entretien Périodique	32-01-03	01/91
	Dépose	32-01-04	08/92
	Réglages et essais	32-01-05	08/92
	Inspection / Vérification	32-01-06	06/94
	Nettoyage	32-01-07	01/91
Moteur	**32-02**		
	Description	32-02-01	08/92
	Recherche de panne	32-02-02	08/92
	Entretien Périodique	32-02-03	08/92
	Dépose	32-0	
	Réglages et essais		
	Inspection / Vérification		
	Nettoyage		
Alternateur	**32-03**		
	Description		
	Rech		

Tableau 14 : Liste classée des procédures

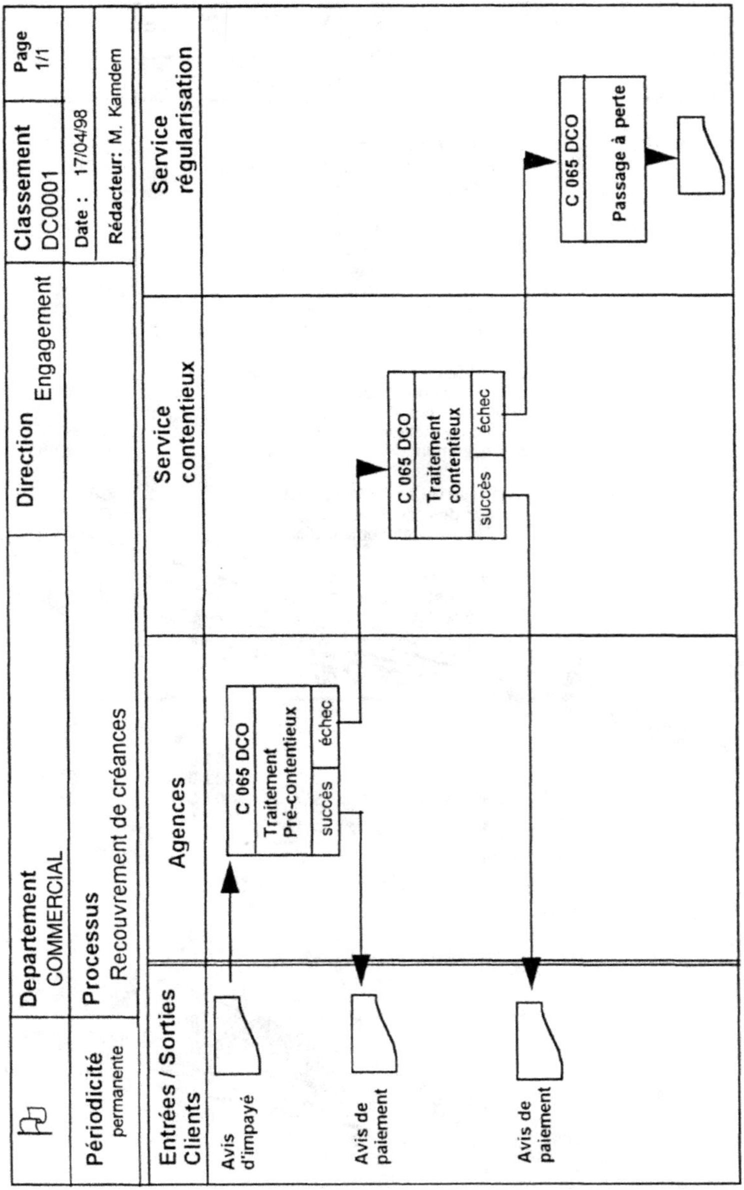
Departement
COMMERCIAL
Direction
Engagement
Classement
DC0001
Page
1/1
Périodicité
permanente
Processus
Recouvrement de créances
Date : 17/04/98
Rédacteur: M. Kamdem
Entrées / Sorties
Clients
Agences
Service
contentieux
Service
régularisation
Avis
d'impayé
C 065 DCO
Traitement
Pré-contentieux
succès
échec
Avis de
paiement
C 065 DCO
Traitement
contentieux
succès
échec
Avis de
paiement
C 065 DCO
Passage à perte

Tableau 15 : Diagramme de processus Recouvrement de créances

	Périodicité permanente	Département COMMERCIAL	Direction Clientèle		Classement DC0001	Page 1/1

Date : 17/04/98
Rédacteur: M. Tamo

Processus	Procédures	Tâches	Choix	Accueil	Agent commercial	Agent administratif	Directeur
Vente	1. Prise de contact	1.1. Premier contact		☞			
		1.2. Visite du client			☞		
		1.3. Poursuivre la relation ?	Oui/Non		☞		
	2 Phase de diagnostic	2.1. Analyse de la situation				☞	
		2.2. Faut-il intervenir?	Oui/Non				☞

Décision

Légendes

- Niveau d'instruction
- Assume la responsabilité
- synthèse et restitution
- ⌘ Acteurs et rôles
- Trace écrite des acquis
- Décision déterminante
- Outils de travail
- Explications/exemples

Tableau 16 : Diagramme de processus Contact clientèle
Source : Fourmi, le manuel des procédures et des méthodes Éd. du Gret – Union Européenne.

ÉTUDE DE CAS

L'octroi de crédit aux petites entreprises

L'exemple présenté ci-dessous n'a qu'une valeur pédagogique et ne constitue en aucun cas une procédure normalisée d'octroi de crédit aux petites entreprises.

1. PRÉSENTATION DU PROJET

La Direction Centrale des Agences (DCA) gère les agences d'une importante banque commerciale. Elle est constituée de cinq Directions. Chacune comprend trois ou quatre Groupes et chaque Groupe quatre à cinq agences. Cette organisation assure la couverture de l'ensemble du territoire national.

Lorsque l'entreprise décida de rédiger son manuel de procédures, le directeur de la DCA réunit les cinq responsables de Direction pour élaborer une démarche. Chacun d'eux avait préalablement reçu un exemplaire d'un manuel sur la rédaction des procédures.

Les participants s'accordèrent sur le fait que toutes les Directions réalisant les mêmes traitements, étant organisées de manière similaire, de même que tous les Groupes et agences, il suffisait qu'une Direction, un Groupe ou une agence de cette Direction rédige ses procédures et les soumette à l'approbation des autres Directions. La suggestion fut adoptée et une Direction pilote choisie.

A chacun des niveaux Direction, Groupe ou Agence, un *comité de rédaction* fut créé et animé par le responsable de ce niveau. Leurs membres étaient les responsables de services ou d'équipes du niveau. Il leur revint de recenser et rédiger les procédures, en commençant par les plus importantes, et en allant des plus complexes aux plus simples.

Un autre comité fut constitué au niveau de la Direction centrale. Il était présidé par le Directeur Central adjoint et il était chargé de rédiger les procédures de ce niveau. Un *comité de validation* de vingt personnes fut mis en place et animé par le Directeur Central lui-même. En faisaient partie :

a) Les cinq directeurs de Directions, cinq directeurs de Groupe et cinq directeurs d'agence, choisis de sorte que toutes les Directions soient représentées. Parmi eux, figuraient les animateurs des comités de rédaction au niveau des Groupes et des agences.

b) Les quatre membres d'une cellule Procédure créée à la Direction Centrale de l'informatique pour apporter une aide aux rédacteurs, diffuser et former à l'utilisation des manuels de procédures une fois leur rédaction terminée.

Il fut décidé que ce Comité se réunirait 3 fois :

a) Une première fois, 1 mois après le lancement de l'opération pour valider l'ensemble des procédures recensées aux différents niveaux.

b) Une seconde fois, 2 mois après le lancement pour suivre l'avancement des travaux et uniformiser les méthodes de rédaction et de présentation des diagrammes de flux et des fiches de tâches.

c) Une troisième fois, 2 mois plus tard pour valider l'ensemble des procédures décrites et fixer le planning de leur diffusion.

Parmi les procédures importantes recensées au niveau de l'agence, on peut notamment citer :

– La procédure d'ouverture de comptes.

– Les procédures liées aux opérations initiées au guichet :

* Remises d'espèces,
* Remises de chèques,
* Remises d'effets de commerce,
* Retrait d'espèces,
* Retrait de chéquiers et de cartes bancaires,
* Change,
* Demande de solde du compte,
* Commande de chéquiers et cartes bancaires,
* ...

– Les procédures liées aux ventes :

* Des produits d'épargne,
* De services,

– Les procédures d'octroi de crédit :

* Crédit à la consommation,
* Crédit immobilier,
* Crédit d'investissement,
* ...

Comme exemple de procédure au niveau de l'agence, nous avons repris ci-après les entretiens, permettant d'aboutir au diagramme de flux et à la fiche de tâches. En partant du contenu des entretiens, il vous est demandé d'écrire la procédure (dessin du diagramme et rédaction de la fiche) concernant la procédure d'octroi de crédit d'investissement entreprise.

Les opérateurs qui interviennent sont :

* L'hôtesse d'accueil,
* Le chargé de clientèle ou exploitant,
* L'employé administratif,
* Le directeur d'Agence,
* L'employé de saisie.

L'octroi de crédit aux petites entreprises

2. DESCRIPTION D'ENSEMBLE DE LA PROCÉDURE

Interview du directeur de l'agence

- Tout client particulier ou responsable d'entreprise entrant dans l'agence est accueilli par l'hôtesse.

- Si le client demande une information sur les prêts à laquelle l'hôtesse ne peut répondre, celle-ci lui prend un rendez-vous avec le chargé de clientèle (exploitant) compétent.

- Dans le cas d'un gérant d'entreprise sollicitant un crédit d'investissement, elle lui demande d'envoyer à l'exploitant, une semaine au plus tard avant le rendez-vous, les documents financiers nécessaires à l'analyse de la situation financière de l'entreprise.

- Lors du rendez-vous, l'exploitant demande au client des informations nécessaires pour compléter son analyse.

- Dans les jours qui suivent, au vu des informations recueillies, l'exploitant complète son analyse financière et juge si les perspectives de développement de l'entreprise sont bonnes ou non.

- Dans le cas où l'exploitant décide de donner un avis favorable, il élabore un dossier de crédit. La décision finale est prise par la personne qui a la délégation pour engager le montant demandé :

  * Lorsque le montant du crédit est inférieur ou égal à la somme que l'exploitant est habilité à octroyer (correspondant à son niveau de délégation), la décision de crédit est prise par lui seul. Il la signe et me présente ensuite la demande pour information.

  * Si le montant est supérieur à la délégation de l'exploitant mais inférieur à la mienne, c'est moi qui, en dernier ressort, apprécie le risque que nous prenons sur le client, et je signe la demande.

> * Si le montant est supérieur à ma délégation, je signe la demande et je la transmets au Service Engagement de la Direction.

– Lorsque l'exploitant a pris sa décision ou que le dossier lui revient avec ma décision ou celle du Service Engagement, il en informe le client par écrit :

> * En cas de refus, une réponse motivée lui est faite.

> * Si la demande est acceptée, un rendez-vous est fixé avec le client pour la signature des contrats de prêt. Le client doit avoir un compte dans notre établissement ou en ouvrir un.

– L'exploitant envoie une copie de la demande de crédit à l'employé administratif qui prépare le contrat de prêt et me l'envoie en 2 exemplaires, ainsi que les tableaux d'amortissement. Je signe les contrats et je les transmets à l'exploitant.

– La signature du contrat et éventuellement le dépôt des pièces nécessaires à l'ouverture du compte a lieu au cours d'un second entretien. L'exploitant indique la date de disponibilité des fonds.

– Après l'entretien, l'exploitant transmet le dossier à l'opérateur de saisie qui renseigne notre système informatique.

> **L'octroi de crédit aux petites entreprises**

3. DESCRIPTION DÉTAILLÉE DE LA PROCÉDURE

Interview de l'hôtesse

– J'oriente tous les visiteurs vers la personne compétente susceptible de répondre à ses besoins.

– Si le problème soumis nécessite une prise de rendez-vous, je consulte l'agenda du chargé de clientèle le plus apte à le résoudre et lui fixe un rendez-vous avec le client dans une dizaine de jours. J'inscris ensuite la date et l'heure du rendez-vous au verso de la carte de visite du chargé de clientèle et je la remets au client.

– Dans le cas d'une demande d'octroi de crédit d'investissement :

* Je fixe un rendez-vous avec le chargé de clientèle (exploitant) qui s'occupe du secteur d'activité de l'entreprise.

* Je demande au client de faire parvenir à l'exploitant 1 semaine au plus tard avant l'entretien, les bilans des 3 derniers exercices. Si l'entreprise a moins de 3 ans d'existence, il enverra les bilans des exercices passés et les prévisions sur les 2 années à venir. Si elle est en cours de création, les prévisions porteront sur 3 ans.

Interview de l'exploitant

– Lorsque je reçois les documents financiers de l'entreprise, je les dépouille conformément aux normes en vigueur dans notre établissement.

– Je les analyse d'après nos ratios et prépare les questions à poser au gérant lors de notre entrevue.

– A l'entretien, je demande des précisions sur certains postes du bilan, annonce l'assurance liée au crédit, simule sur micro-ordinateur les mensualités de remboursement d'après le montant, la durée de l'emprunt et le taux d'intérêt.

– Après notre entretien, je reconsidère mon analyse au vu des éléments obtenus.

– Si mon opinion sur l'évolution de l'entreprise et sa capacité à rembourser ses dettes dans l'avenir est favorable, je prépare dans un délai de deux jours un dossier de demande de crédit. Si mon opinion est négative, la procédure s'achève. Dans les deux cas, j'informe l'entreprise par une lettre dans laquelle je motive ma décision.

– Le dossier de demande de crédit est un document de 6 pages maximum sur lequel :

* J'analyse l'exercice écoulé et les perspectives de l'entreprise à moyen et long terme.

* J'apprécie le risque que nous prenons sur l'entreprise.

* Je fais figurer en annexe les garanties prises et les conditions appliquées.

– Lorsque le dossier est prêt, je le soumets au niveau de délégation habilité à statuer pour le montant du prêt demandé ou j'informe le Directeur de l'agence de ma décision si le prêt est dans ma délégation.

– Après un délai maximum d'une semaine, la décision est prise et j'adresse par écrit ma réponse motivée au client.

– Si la demande est acceptée, je prends rendez-vous avec lui pour la signature du contrat et je lui donne une liste de documents à apporter. Ces documents sont nécessaires à l'ouverture d'un compte prêt d'investissement et d'un compte ordinaire si l'entreprise n'est pas déjà cliente de notre établissement. Il s'agit :

* D'un récépissé de moins de 6 mois attestant que l'entreprise est inscrite au registre de commerce et des sociétés.

* D'une carte de signature reprenant la signature de la personne habilitée à signer au nom de la société.

* D'une copie certifiée conforme des statuts de la société.

– Après en avoir fait la photocopie, je transmets l'original de la demande de crédit à l'employé administratif chargé de préparer le contrat de prêt.

– Les contrats de prêt me parviennent après une semaine, *via* le directeur de l'agence qui les a signés.

– Lors d'un deuxième entretien avec le client, je lui donne à signer les deux exemplaires du contrat, j'en garde un et je lui remets l'autre. Je garde aussi les documents d'ouverture du ou des comptes.

– J'indique au client la date d'ouverture éventuelle des comptes et de disponibilité des fonds.

– Après son départ je fais une photocopie du contrat de prêt et je transmets l'original ainsi que les documents d'ouverture de comptes à l'opérateur de saisie.

Interview de l'employé administratif

– Les demandes de crédit me parviennent tous les jours par coursier.

– Lorsqu'elles arrivent, je vérifie que la signature apposée par le responsable sur la demande figure dans mon classeur des signatures agréées pour les demandes de crédit.

– Je fais ensuite un calcul des mensualités de remboursement du prêt et j'imprime un tableau d'amortissement.

– Je sélectionne la lettre de contrat type correspondant au crédit mis en place. Je la modifie en fonction du montant, du taux d'intérêt, de la durée de l'emprunt, des garanties et clauses spéciales figurant sur la demande de crédit.

– J'imprime le texte sur papier à en-tête de la banque.

– Tableau d'amortissement et contrat sont sortis en deux exemplaires, et agrafés l'un à l'autre. Après vérification je les envoie au directeur de l'agence d'où émane la demande.

Interview de l'opérateur de saisie

– Lorsque je reçois le contrat signé par le directeur d'agence et par le client ainsi que les documents d'ouverture de compte, je m'occupe d'abord d'ouvrir le compte :

* J'attribue un numéro de compte interne de gestion du prêt en consultant la liste des numéros de compte déjà attribués.

* Je donne, s'il y a lieu, un numéro de compte courant à l'entreprise et le lui communique par courrier avec des relevés d'identité bancaire.

– Je saisis ensuite ces numéros de compte, le numéro de contrat, la date de déblocage des fonds, les mensualités de remboursement ainsi que la durée de l'emprunt sur le système informatique.

₧	Direction **Centrale des agences**	Service **Agences**	Classement **N° DD 043.a**	1/1
Périodicité **Permanente**	Procédure **Octroi de crédit d'investissement**		Date : 15 / 06 /94 Rédacteur : M. Durand	

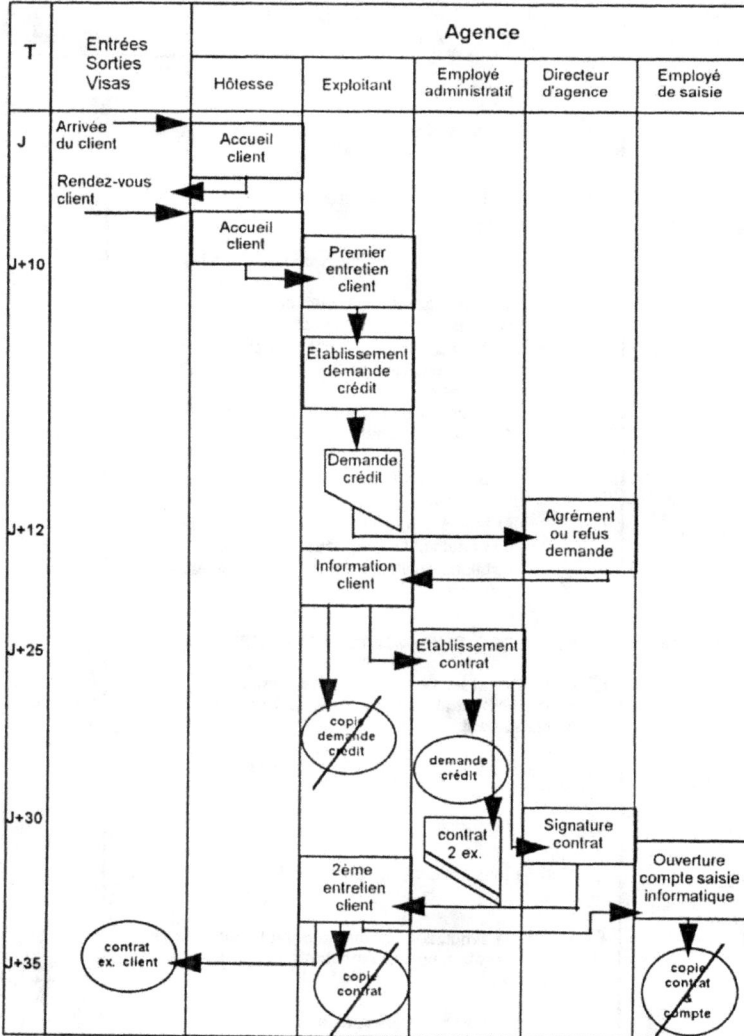

Etude de cas : Diagramme de flux

🏴	Direction **Centrale des agences**	Service **Agences**	Classement **N° DD 043.a**	**1/4**
Périodicité **Permanente**	Procédure **Octroi de crédit d'investissement**		Date : 15 / 06 /94 Rédacteur : M. Durand	

Postes	Tâches	Références
HOTESSE	**ACCUEIL DU CLIENT** ❏ Aborder toute personne entrant dans l'agence et lui demander l'objet de sa visite. ❏ Pour un dirigeant d'entreprise venu solliciter un crédit d'investissement : ♦ consulter l'agenda du chargé de clientèle (exploitant) gérant les entreprises du secteur d'activité auquel appartient sa société. ♦ lui fixer un rendez-vous avec l'exploitant ♦ remettre au client une carte de visite de l'exploitant sur laquelle le jour et l'heure du rendez-vous sont mentionnés. ♦ lui demander de nous faire parvenir une semaine avant le rendez-vous : - les bilans certifiés des trois derniers exercices si l'entreprise a plus de trois ans d'existence, - les bilans des exercices existant et les bilans prévisionnels si l'entreprise a moins de trois ans - les bilans prévisionnels si l'entreprise est en création.	
EXPLOITANT	**ANALYSE DES DOCUMENTS FINANCIERS** ❏ Dépouiller et analyser les documents financiers conformément aux règles en vigueur dans notre établissement. ❏ Préparer les questions à poser sur le bilan lors de l'entretien. **PREMIER ENTRETIEN AVEC LE CLIENT** ❏ Obtenir tous les compléments nécessaires à l'analyse du dossier. ❏ Faire une simulation sur ordinateur des annuités de remboursement suite au montant, à la durée et au taux de l'emprunt. ❏ Annoncer les garanties liées au crédit	Procédure Demande de crédit Procédure Prise de garanties

Etude de cas : Fiche de tâches, page 1

⚑	Direction **Centrale des agences**	Service **Agences**	Classement **N° DD 043.a**	**2/4**
Périodicité **Permanente**	Procédure **Octroi de crédit d'investissement**		Date : 15 / 06 /94	
			Rédacteur : M. Durand	

Postes	Tâches	Références
EXPLOITANT	**REDACTION DOSSIER DEMANDE DE CREDIT** ☐ Reconsidérer l'analyse au vu des compléments d'information obtenus. ☐ Si mon opinion sur l'évolution de l'entreprise et sa capacité à rembourser ses dettes est défavorable, notifier au client notre refus d'octroyer le crédit. Si l'avis est favorable, préparer un dossier de demande de crédit en 6 pages maximum comprenant : ◆ l'analyse de l'exercice écoulé ◆ les perspectives à moyen et long terme ◆ l'appréciation du risque pris sur l'entreprise ◆ les garanties prises et les conditions appliquées ☐ Dans les 2 cas, j'informe l'entreprise par une lettre dans laquelle je motive ma décision. ☐ Lorsque le dossier est prêt, le soumettre au responsable dont la signature est requise eu égard au montant du crédit (considérons le cas où le dossier est dans la délégation du directeur d'agence).	
DIRECTEUR D'AGENCE	**AGREMENT OU REFUS DE LA DEMANDE** ☐ Lire entièrement la demande rédigée par l'exploitant et s'assurer que les perspectives de développement de l'entreprise sont bonnes. ☐ Accorder une attention particulière aux garanties prises pour couvrir le risque que nous prenons.	
EXPLOITANT	**INFORMATION DU CLIENT** ☐ Si la demande est acceptée : ◆ Avertir le client et prendre rendez-vous avec lui. ◆ Lui envoyer des cartes de recueil de signatures des personnes habilitées à signer les chèques (cas où le client n'a pas déjà un compte ordinaire dans notre établissement).	

Etude de cas : Fiche de tâches, page 2

⚐	Direction **Centrale des agences**	Service **Agences**	Classement **N° DD 043.a**	3/4
Périodicité **Permanente**	Procédure **Octroi de crédit d'investissement**		Date : 15 / 06 /94	
			Rédacteur : M. Durand	

Postes	Tâches	Références

	♦ Lui demander d'apporter lors de l'entretien :
	   - les cartes de signatures
	   - une copie récente (moins de 6 mois) de l'acte notifiant l'inscription de la société au tribunal de commerce
	   - un procès-verbal certifié des statuts de la société.
	♦ Faire une photocopie de la demande acceptée, la ranger et transmettre l'original à l'agent administratif chargé d'établir le contrat de prêt.
	
	☐ Si elle est refusée, informer le client rapidement.
	
	☐ Dans les deux cas, informer l'entreprise par une lettre motivée.	

EMPLOYE ADMINISTRATIF	**ETABLISSEMENT DU CONTRAT**
	
	☐ A la réception de la demande de crédit, vérifier que la signature portée par le responsable sur la demande figure dans mon classeur des signatures agréées. Si tel n'est pas le cas, informer l'exploitant.
	
	☐ A partir du montant, de la durée et du taux d'intérêt du prêt figurant sur la demande, établir le tableau d'amortissement du prêt.
	
	☐ Sélectionner sur l'ordinateur, la lettre de contrat type correspondant au crédit mis en place.
	
	☐ Modifier la lettre et y inclure :
	   ♦ les coordonnées du client
	   ♦ les caractéristiques du prêt
	   ♦ les garanties et clauses spéciales figurant sur la demande.
	☐ Imprimer le contrat sur le papier à en-tête de la banque, y agrafer l'échéancier.
	
	☐ Produire contrat de prêt/ tableau d'amortissement en deux exemplaires.
	
	☐ Les envoyer au Directeur de l'agence.	

Etude de cas : Fiche de tâches, page 3

	Direction **Centrale des agences**	Service **Agences**	Classement **N° DD 043.a**	4/4
Périodicité **Permanente**	Procédure **Octroi de crédit d'investissement**		Date : 15 / 06 /94 Rédacteur : M. Durand	

Postes	Tâches	Références
DIRECTEUR D'AGENCE	**SIGNATURE DU CONTRAT** ☐ Vérifier que le tableau est conforme et est accompagné d'un tableau d'amortissement. ☐ Signer le contrat.	
EXPLOITANT	**DEUXIEME ENTRETIEN AVEC LE CLIENT** ☐ Demander cartes de signatures, extrait acte récent, PV certifié des statuts. ☐ Vérifier l'exactitude des documents remis. ☐ Vérifier la signature du Directeur et le tampon au nom de la banque sur le contrat de prêt. ☐ Faire signer par le client les deux exemplaires préalablement signés par le Directeur d'agence. ☐ Lui remettre 1 exemplaire et en garder 1. ☐ Indiquer la date d'ouverture éventuelle d'un compte ordinaire et de disponibilité des fonds. ☐ Photocopier et classer un exemplaire du contrat. ☐ Transmettre à l'opérateur de saisie, l'original du contrat et les documents reçus.	
EMPLOYE DE SAISIE	**OUVERTURE COMPTE/SAISIE INFORMATIQUE** ☐ Consulter la liste des numéros de compte figurant sur le registre des numéros de compte de gestion interne du crédit d'investissement. ☐ Attribuer un numéro de compte interne au contrat. ☐ Attribuer également un numéro de compte interne dans le cas d'un nouveau client. ☐ Renseigner le système informatique avec les caractéristiques du prêt décrites dans le logiciel de saisie	

Etude de cas : Fiche de tâches, page 4

BIBLIOGRAPHIE

ADLER P. S., « Time-and-Motion Regained », *Harvard Business Review*, Jan.-Fév. 1993.

AKRICH M., « Les modes d'emploi des objets techniques », in *L'état des sciences et des techniques*, La Découverte, 1993.

AMALBERTI R., *Le conduite des systèmes à risques*, PUF, 2001.

BAGLIN G., BRUEL O., GARREAU A., GREIF M., *Management industriel et logistique*, Economica, Paris, 1990.

BARATIN H.-C., GUEDON M.-J., *Organisation et méthodes dans l'administration publique*, Editions Berger-Levrault, Paris, 1971.

BARBIER E., *L'audit interne, pourquoi, comment ?*, Les Editions d'Organisation, 1991.

BÉRANGER P., *Les nouvelles règles de la production*, Dunod, Paris, 1987.

BERNAD J., PAKER M., *Les plannings*, Les Editions d'Organisation, Paris, 1985.

BERRY M., *Une technologie invisible ? L'impact des instruments de gestion sur l'évolution des systèmes humains*, Centre de Recherche en Gestion de l'Ecole Polytechnique, Paris, 1983.

BERRY M., « Taylor et les robots, les raisons d'une incompatibilité », in *Pour une automatisation raisonnable de l'industrie*, Annales des Mines, Paris, janvier 1988.

BRAILLY A.-M., LEBRAND N., *Travaux réels de codification*, Desforges, Paris, 1982.

BOYER L., POIRÉE M., SALIN E., *Précis d'organisation et de gestion de la production*, Les Editions d'Organisation, 1988.

CANTEGREIL F., *Les treize points clés de la production*, Dunod, Paris, 1986.

CHARRIER J.-C., KEMOUN K., *Maîtriser l'organisation industrielle*, Les Editions d'Organisation, Paris, 1989.

CHEVRIER S., *Le management des équipes interculturelles*, PUF, 2000.

COLLONGUES A., HUGUES J., LAROCHE B., *Merise, méthode de conception*, Dunod, Paris, 1989.

CROUHY M., GREIF M., *Gérer simplement les flux de production*, Editions du Moniteur, Paris, 1990.

CROZIER M., FRIEDBERG E., *L'acteur et le système*, Le Seuil, 1977.

DERVAUX B., COULAUD A., *Dictionnaire de management et du contrôle de gestion*, Dunod, 1986.

FLESHER D.-L., SIEWERT S., *Independent auditor's guide to operationnal auditing*, Ronald Press, New York, 1982.

FOUTCHANTSE V., *Rendez-vous avec le succès*, Inades Editions, Abidjan, 1990.

FRIEDBERG E., *Le pouvoir et la règle, dynamiques de l'action organisée*, Seuil, Paris, 1993.

GOLDRATT E., COX J., *Le But, l'excellence en production*, AFNOR gestion, Paris, 1986.

IRIBARNE (d') Ph., *La logique de l'honneur*, Seuil, 1989.

IRIBARNE (d') Ph., HENRY A., SEGAL J.-P., CHEVRIER S., GLOBUKAR T., *Cultures et mondialisation*, Seuil, 1998.

IMAI M., *Le Kaizen*, Eyrolles, Paris, 1989.

ISO 9000, *Quality Management Systems, Guidelines for enterprises in developing countries*, International Trade Centre UNCTAD/GATT, Genève, 1993.

JOURNE B., *Les organisations complexes à risques : gérer la sûreté par les ressources*, Thèse de l'Ecole Polytechnique, 1999.

JURAN J.-M., *Planifier la qualité*, AFNOR, Paris, 1989.

LAMPRECHT J.-L., *ISO 9000, Se préparer à la certification*, AFNOR, Paris, 1994.

LAMY P., *Ordonnancement et gestion de la production*, Hermes, Paris, 1987.

LATOUR B., *Aramis, ou l'amour des techniques*, La Découverte, Paris, 1992.

LAURENT P-H., TCHERKAWSKY P., *Pratique de l'audit opérationnel*, Les Editions d'Organisation, Paris, 1991.

LAURIOL A., *Précis d'organisation du travail*, Compagnie française d'éditions, Paris, 1976.

LECLERE R., *Les méthodes d'organisation et d'engineering*, PUF, Paris, 1968.

LEMAITRE P., MADERS H.-P. *Améliorer l'organisation administrative*, Les Editions d'Organisation, Paris, 1990.

LEMANT O.(sous la direction), *La conduite de la mission d'audit interne*, Ed. Clet, Paris, 1989.

LISSARAGUE J., *Qu'est-ce que le Pert ?*, Dunod, Paris, 1986.

LUSSATO B., *Structures de l'Entreprise : organigrammes*, Les Editions d'Organisation, 1990.

MAGAUD J, SUGITA K., « Le retour des réseaux, une comparaison franco-japonaise », in *Gérer et Comprendre, Annales des Mines*, n° 31, juin 1993.

MAHRER Ph. (sous la direction), *Guide du management*, Seuil, 1992.

MALHERBE D. « Documenter les procédures pour améliorer la productivité administrative », *Bancatique*, n° 86, Oct. 1992.

MATHEU M., « La gestion : une simple question de bon sens ? », in *Gérer et Comprendre, Annales des Mines*, n° 9, décembre 1987.

MELESE J., *Approches systémiques des organisations*, Les Editions d'Organisation, 1990.

MINTZBERG H., *Structure et dynamique des organisations*, Les Editions d'Organisation, 1993.

MOULET M., *Le management clandestin*, Interéditions, Paris, 1993.

NATIONS-UNIES, *Normes d'Audit dans le secteur public : application dans les pays en développement*, New York, 1991.

NEUVILLE J.-P., « Et pourtant les trains partent... Le fonctionnement des gares en situation perturbée », *Gérer et Comprendre*, Annales des Mines, n° 27, juin 1992.

NICOLET J.-L., CELIER J., *La fiabilité humaine dans l'entreprise*, Masson, Paris, 1990.

NICOLET J.-L., CARNINO A., WANNER J.C., *Catastrophes ? Non, merci !*, Masson, Paris, 1989.

O.C.D.E., *Guide pour la rédaction des procédures d'entretien, d'essai et d'étalonnage*, Rapport n° 68, Sept. 1981.

OZEKI K., ASAKA T., *Les outils de la qualité*, AFNOR, Paris, 1992.

PASDELOUP T., « Les procédures de vol », *Performances Humaines & Techniques*, n° 67-68, Fév. 1994.

PAVE F., *L'illusion informaticienne*, Logiques sociales, L'Harmattan, 1989.

PAVE F., « L'inéluctable dimension politique des systèmes de production », in *Les nouvelles rationalisation de la production*, (dir.) G. DE TERSSAC et P. DUBOIS, Cépaduès Ed., 1992.

PINTEA J., *Reengineering des systèmes documentaires*, Les Editions d'Organisation, 1995.

POGGIOLI P., *La méthode Pert*, Les Editions d'Organisation, Paris, 1991.

PROBST G.-J.-B., MERCIER J.-Y., BRUGGIMANN O., RAKOTOBARISON A., *Organisation et management*, Les Editions d'Organisation, Paris, 1997.

RENARD J., *Théorie et pratique de l'audit interne*, 2ᵉ éd., Les Editions d'Organisation, Paris, 1994.

RIVELINE C., « Un point de vue d'ingénieur sur la gestion des organisations », in *Gérer et Comprendre*, Annales des Mines, n° 25, décembre 1991.

ROCHFELD A., MOREJON J., *La Méthode Merise*, Les Editions d'Organisation, Paris, 1993.

ROSNAY (de) J., *Le Macroscope, vers une vision globale*, Seuil, 1975.

SIMONET J., *La maîtrise des méthodes d'organisation dans l'entreprise*, Les Editions d'Organisation, Paris, 1984.

TARDIEU H., ROCHFELD A., COLLETTI R., *La Méthode Merise : Principes et outils*, Les Editions d'Organisation, Paris, 1991.

TARDIEU H., ROCHFELD A., COLLETTI R., PANET G., VAHÉE G., *La Méthode Merise : Démarche et pratiques*, Les Editions d'Organisation, Paris, 1991.

VACHER B., « Du concept au carton ou comment retrouver ses papiers », *Gérer et Comprendre, Annales des Mines*, n° 33, décembre 1993.

INDEX *

---

* Les exemples de supports sont indiqués en caractères gras italiques et renvoient soit aux figures données dans le texte **(fig. x.t)**, soit aux tableaux d'illustrations données en seconde partie **(Tx)**.

TABLE DES MATIÈRES

2ᵉ PARTIE : EXEMPLES ET ILLUSTRATIONS

TABLES D'ILLUSTRATIONS

ÉTUDE DE CAS

ANNEXES